**하루 5분
건강 스트레칭**

하루 5분
건강 스트레칭

솔과학

삶의 질을 높여주는 책,
잘 사는 방법을 알려주는 책

사람들이 가장 원하는 삶은 무엇일까?

건강에 관한 관심이 높아지면서 웰빙은 많은 사람들의 화두로 등장하고 있다.

과연 사람들이 말하는 잘 사는 삶은 어떤 것일까? 비단 물질적으로만 풍족한 것을 의미하는 것은 아닐 것이다. 신체적, 정신적, 사회적, 직업적으로 행복한 삶. 이러한 것들을 모두 만족시키면서 살 순 없겠지만 이 중에서 가장 놓치면 안 되는 것이 바로 건강이다.

행복한 삶, 그것은 바로 자신의 건강한 몸을 지키는 것에서부터 출발한다.

인간은 평균 18세가 되면 성장을 멈추게 된다

그렇다면 앞으로 우리가 100세를 산다고 가정한다면 무려 80여년을 다 자란 몸으로 살아가야 한다는 이야기가 된다. 그럼에도 불구하고 우리는 때로 몸을 너무 혹사시키고 있다는 느낌이 든다. 우리나라의 옛 인사법에 옥체를 보전하라는 말이 있다. 살아갈수록 이 말이 그냥 해 넘기는 말이 아니라 진정으로 중요한 말이라는 것을 느끼게 된다. 우리의 몸은 정말 잘 가꾸고, 보존하고, 건강을 증진하면서 살아가야 할 대상이자 옥체인 것이다.

옥체를 만들려면 어떻게 해야 하는가?

옥체 만들기는 웰빙의 기본 개념과 상통하는 것이다. 적절한 운동, 적절한 음식 그리고 적절한 휴식이 우리의 옥체를 보존하기 위한 최선의 방법이다. 스트레칭은 우리 몸의 노화를 막고 건강을 유지, 중진 시키며 스트레스를 해소시켜 주는 가장 좋은 운동 방법이라고 할 수 있다. 운동은 어떠한 형태로든 우리 몸에 도움을 줄 수 있다. 하지만 한 가지 방법만으로 우리 몸에 도움이 되는 모든 효과를 다 얻을 수 없다. 스트레칭은 여러 가지 운동 중에서도 가장 많은 장점을 가진 운동 방법이라고 할 수 있다.

운동으로 신체를 건강하게 하려면 한 가지 방법보다는 여러 가지 운동을 고르게 하는 것이 좋다. 심폐의 기능을 길러줄 수 있는 운동, 근육을 길러줄 수 있는 운동 그리고 유연성을 길러줄 수 있는 운동을 고르게 해 주어야 더욱 더 효과적일 수 있다. 여기에 유연성을 길러주는 스트레칭은 어떠한 운동을 하든지 반드시 함께 해주어야 할 필수적인 운동이라는 점을 명심하자.

아무쪼록 하루 5분 건강 스트레칭이 독자들의 건강을 지켜주는 지킴이 역할을 하여 모두가 건강한, 그래서 건강하고 아름다운 사회가 만들어지는 데 일조하기를 바란다.

CONTENTS

2 슬리밍 스트레칭

③ 건강 스트레칭

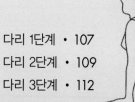

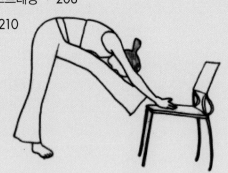

4 **증상별 스트레칭**

5 둘이서 하는 페어 스트레칭

6 연령별 스트레칭

1

우리는 지금 우리의 몸에 대해 얼마만큼 알고 있을까?

하루 종일 앉아있는 것, 걷는 것, 서 있는 것.

이 모든 동작의 하나하나가 모두 몸을 혹사시키고 있는 거라면 우리는 건강을 위해 어떤 선택을 해야 할까?

스트레칭은 장소와 시간의 구애를 받지 않고 언제 어디서나 쉽게 할 수 있는 동작들이며,

우리 몸이 원하는 기본 운동뿐이다. 오늘 하루, 가벼운 스트레칭 한 번 하지 않았다면 몸에서 먼저 신호가 올 것이다.

'한 것도 없는데 몸이 피곤해~!'

STRETCHING

스트레칭 이론편

스트레칭
이란?

웰빙? 웰빙!

잘 먹고 잘 사는 것. 요즈음 사람들의 가장 큰 관심사다. '웰빙'이라는 개념은 엄청나게 빠른 속도로 우리의 삶 속에 침투하고 있다. 먹거리에서 생활용품, 주거 환경, 운동까지 그 파급효과는 가히 놀랄 만하다. 바쁜 일상과 인스턴트 식품에서 벗어나 건강한 육체와 정신을 동시에 추구하는 럭셔리 라이프 스타일에 코드를 맞춰보자, 웰빙의 시작은 운동, 운동의 기본은 스트레칭이다.

운동에도 처방전이 필요하다

건강한 삶을 유지하는데 건강이 얼마나 중요한지에 대해서는 더이상 이야기할 필요가 없다. 운동은 신체적으로는 우리 몸 구석 구석에 좋은 변화를 일으켜 건강을 유지, 증진시키는 데에 큰 영향을 미친다. 이 뿐만이 아니라 운동은 정서적으로도 긍정적 영향을 준다고 밝혀지고 있다.

하지만 아무리 운동이 좋다고 해도 그 종류와 정도를 자신에 맞추어 하지 않는다면 해가 되고 경우에 따라서는 생명까지 앗아가는 독이 될 수 있다. 마치 약을 처방받아 복용해야 하는 것과 같은 이치다. 운동의 효과를 최대화하기 위해서는 어떤 운동을 어떻게 하는 것이 자신에게 맞는 것인가를 반드시 먼저 점검하고 실시해야 한다. 그렇기 때문에 운동을 하기 전에는 자신의 운동능력과 신체의 능력을 반드시 점검해 보아야 하며, 자신에게 맞는 운동방법을 찾아 그것을 생활화해야 한다.

운동의 기초인 스트레칭

많은 운동 중에서 큰 위험이 없으면서도 누구나 할 수 있고 또 누구에게나 기본적으로 필요한 운동이 바로 스트레칭이다. 스트레칭은 남녀노소 누구나 쉽게 할 수 있으며 특별한 장소와 도구, 복장의 구애 없이 어디서나 가볍게 할 수 있는 운동이다. 또

한 그 노력에 반해 운동효과는 대단히 크기 때문에 효과적인 운동법이라 할 수 있다. 운동의 전과 후 상해를 예방하기 위해서도 반드시 필요한 것이 바로 스트레칭이다.

스트레칭의 의미

스트레칭(stretching) 이란 'stretch(잡아늘리다, 뻗다)'의 명사형으로 몸을 늘리고, 뻗어주는 것을 의미한다. 몸을 유연하게 만들어 관절의 가동 범위를 넓혀주고 유연하게 만들어 기능적으로 잘 움직일 수 있도록 만들어주는 운동을 말한다. 즉, 스트레칭은 평소에 잘 쓰지 않아 굳어 있는 관절과 근육을 풀어주고 유연하게 해주는 운동을 총칭하는 것이라 생각하면 된다. 따라서 스트레칭은 유연성을 증가시키기 위한 운동의 한 방법이라고 할 수 있다.

방법이라고 할 수 있다.

과거에는 스트레칭이 상해를 예방하고 몸을 효율적으로 움직이도록 도와주기 위해 운동 전후에 하는 준비운동이나 정리 운동 정도로 인식되었다. 즉, 신체를 안정 상태로 되돌려주는 데에 도움을 주는 보조 운동 정도로 알고 있었다. 그러나 최근에는 스트레칭의 중요성과 운동 효과가 부각되면서 하나의 단일 운동으로서 스트레칭의 효과가 입증되고 있으며, 많은 사람들에게 이용되고 있다.

바쁘게 생활하는 현대인들이 일상생활 중에 하루에 한 번 하늘을 쳐다보고 기지개 한 번 켜는 일도 하기 힘이 든 것이 현실이다. 하지만 건강을 지키기 위해, 또 예쁜 몸을 갖기 위해서는 의식적으로라도 굳어 있는 몸을 펴주고 늘려주려는 노력을 기울여야 한다.

운동의 중요성도 알고 하고는 싶지만 시간이나 경제적 여유가 없어 망설이는 사람에게도 스트레칭은 시간, 장소 구애 없이 쉽게 어디서나 할 수 있는 최고의 운동방법이다. 하루에 5분씩만 짬을 내어 쉽게 따라할 수 있는 스트레칭 동작을 꾸준히 해보자. 생활이 훨씬 활기차고 싱그럽게 바뀔 것이다.

쉽게 따라할 수 있는 안전한 운동

스트레칭은 서구에서 운동 전후에 무리가 가지 않도록 몸을 풀어주기 위한 일종의 준비운동으로 시작되었다. 스트레칭 동작들은 요가 동작들과 유사한 것들이 많다. 요가 동작들은 대부분 몸의 기능을 최대한 늘려주는 동작들로 되어 있는 데 일반인들이 하기 어려운 동작들이 많다. 또한 초보자나 유연성이 좋지 못한 사람들이 무조건 따라했다가는 다칠 위험도 높다. 하지만 스트레칭은 일반인들이 쉽게 할 수 있는 동작들로 구성된 실질적이고 효율적인 운동 방법이라고 할 수 있다.

최근 필라테스, 요가 등 다양한 방법의 운동이 소개되고 있는데 구체적으로 동작 자체를 가지고 이 동작은 요가, 이 동작은 스트레칭, 이 동작은 필라테스, 또는 이 동작은 맨손체조라고 정확하게 구분하기에는 무리가 있다. 궁극적으로 스트레칭은 관절의 가동범위를 넓혀주고 근육을 늘려주어 신체를 효율적으로 움직일 수 있도록 만들어주는 방법으로 유연성을 늘려주기 위한 모든 운동 동작을 총칭하는

유연성과
스트레칭

유연성

유연성이란 관절 또는 관절의 결합부분의 움직임이 가능한 범위를 말한다. 보통 저 사람은 유연성이 좋다, 또는 나쁘다고 말하는데 유연성은 관절에 따라 다를 수 있기 때문에 상체의 유연성이 좋은 사람이 하체의 유연성이 안 좋을 수도 있고 어느 특정 부위의 유연성이 다른 부위에 비하여 유난히 좋을 수도 있다.

유연성을 좋게 하기 위해서는 우리 몸의 모든 관절의 가동범위를 좋게 만드는 것이 필 요하고 이를 위해서는 온몸의 관절을 골고루 운동시켜 주어야 한다.

유연성은 그 형태에 따라 다음과 같이 동적인 유연성, 정적 – 능동적 유연성, 정적 – 수동적 유연성 등으로 나뉠 수 있다.

■ 동적인 유연성

동적인 유연성은 운동을 할 때 또는 움직일 때 관절이나 팔다리 근육이 보이는 유연성을 말한다. 예를 들어 점프를 하면서 앞뒤로 다리를 벌린다고 했을 때 그 각도가 어느 정도로 벌어지는가 하는 것이 바로 이 동적인 유연성의 정도를 말하는 것이다.

■ 정적–능동적 유연성

정적–능동적 유연성은 근력과 함께 측정될 수 있는 유연성을 말하며, 정지하고 있는 동작을 할 때의 유연성을 보여주는 것이다. 예를 들면, 한 다리로 서서 다른 한 다리를 위로 올려 정지하고 있는 동작을 할 때의 경우다. 이 동작을 유지하려면 근력도 필요하고, 유연성이 좋을 수록 다리를 올릴 때의 각도도 크게 벌어지게 된다.

■ 정적-수동적 유연성

정적-수동적 유연성은 수동적 유연성이 라고 줄여 말하기도 하는데 팔다리로 체중을 받치고 있으면서 자세를 유지할 수 있는 정도나 범위를 말한다. 즉, 다리를 앞뒤로 일자로 벌리고 앉을 때 다리가 벌어지는 각도는 바로 이러한 수동적 유연성을 말한다.

유연성에 영향을 미지는 요인

■ 내적인 요인

다른 사람들에 비하여 특별한 운동을 하지 않아도 유연성이 좋은 사람들이 있는데 이는 관절의 가동성이 넓은 경우이다. 이는 곧 뼈의 구조 자체가 유연성을 결정짓는 요소가 된다는 말이다. 유연성을 결정짓는 요소에는 관절의 타입, 관절의 내적 저항력, 뼈의 구조, 근육 조직의 탄성(근육의 조직이 힘을 받은 뒤 본래 모양으로 되돌아오려는 성질) 등이 있고 이는 대체로 유전적인 경향이 크다.

■ 외적인 요인

운동하는 장소의 온도(온도가 높으면 유연성이 좋
아진다), 하루 중의 시간(대부분 오전보다 오후 약
2:30 − 4:00 사이가 유연성이 가장 좋다), 사고 후
관절의 회복 과정이나 단계(사고를 입었던 관절이
나 근육은 유연성이 떨어진다), 나이, 성별(일반적으
로 여자가 남자보다 유연성이 좋다), 개인의 운동
수행 능력, 유연성 성취 욕구, 옷이나 기구의 방해
등 외적인 요인들도 영향을 미치게 된다. 또한 물의
섭취도 유연성에 영향을 미치기도 한다. 물의 섭취
로 체액의 이동이 유연해지면 몸 전체가 쉽게 이완
되기 때문이다.

■ 근육의 과도한 사용

뼈의 각도나 형태가 몸의 원활한 움직임을 방해하
는 경우가 있다. 또 근육이 너무 두꺼우면 근육의
두께로 인하여 관절이 움직이 는 범위를 제한받을
수 있다. 살이 찐 경우에 도 지방의 두께로 인하여
관절의 움직임이 제한받을 수 있다. 관절을 싸고 있
는 관절낭과 인대, 근막, 건 등을 과도하게 사용하
거나 피로하게 하면 찢어질 수도 있으며, 이로 인해
유연성은 심각하게 영향을 받는다. 또 잘 사용하지
않았거나 운동을 하지 않았던 조직들은 나이가 들
면서 조직에 필요한 콜라겐이나 엘라스틴 같은 물
질이 저하되기 때문에 유연성이 떨어지게 되며, 무
리하게 되는 경우에는 다치기 쉽기 때문에 특별히
주의를 해야 한다.

■ 노화로 인한 유연성의 저하

나이가 들수록 유연성이 떨어지는 것은 자연스러운
현상이다. 나이가 들면 신체 조직들을 이어주는 근
육이나 인대, 관절 등의 힘이 둔화된다. 또 신체의
노화악 함께 각 기관의 대사 작용도 떨어지고 모든
기능이 자연히 저하된다. 이로써 신체조직의 유연

성이 점점 줄어들게 되면서 일상생활을 하기도 어
려워지게 된다. 따라서 나이가 들수록 유연성을 증
가시켜 주는 운동이 필요하게 된다. 스트레칭은
바로 이러한 노화 현상을 방지하는 데에 큰 효과
가 있다.
스트레칭을 한다고 해서 모두 똑같은 효과를 거둘
수 있고 같은 상태로 유연성이 증가되는 것은 아니
다. 하지만 자신이 얼마나 노력하느냐에 따라 유연
성의 정도는 달라질 수 있다. 스트레칭은 우리 몸의
연결조직 섬유의 유착을 막고 윤활유를 생성시키는
역할을 해준다. 이로써 유연성이 저하되는 것을 막
아주고 노화 자체를 지연시켜 주는 역할을 하게 되
는 것이다.

스트레칭
하기 전
나의 유연성
테스트

⟳　유연성을 측정하는 방법은 한 가지로 통일되어 있지는 않다. 왜냐하면 관절에 따라 그 가동 범위가 다르므로 어느 한 부분의 관절이 유연하다고 해서 유연성이 좋다 나쁘다를 평가하기 어렵기 때문이다. 여러 가지 측정 방법 중에서 가장 많이 이용되는 방법으로는 하체와 허리의 유연성을 볼 수 있는 sit-and-reach (앉아서 상체 구부려 다리 뒤 근육의 유연성 체크)가 있다. 그리고 상체의 유연성을 측정하는 방법으로는 상체를 뒤로 젖히는 체후굴을 측정하는 방법이 있다.

1 sit-and-reach는 붙어있는 상자에 올라 선 다음 발뒤꿈치를 세워 무릎이 구부러지지 않도록 하면서 상체를 구부려 상자에 붙어 있는 지를 몇 센티 정도 밀었는가로 유연성을 측정하는 방법이다. 특별히 기구를 갖고 있지 않다고 해도 집안에 있는 가구 같은 것을 이용하여 손을 밀어보아 몇 센티 정도 앞으로 구부렸나를 자로 재어보아도 된다. sit-and-reach 테스트로 어느 정도 앞으로 굽혔나에 따라 유연성의 정도를 옆의 표와 같이 구분할 수 있다.

평가	기록
좋음	35cm 이상
보통	20-30cm
나쁨	20cm 이하

2 상체의 유연성을 보는 back ROM test 방법은 바닥에 엎드려 골반이 뜨지 않도록 한 상태에서 상체를 위로 밀어 올려 배가 아는 정도 바닥에서 떨어자는가를 측정하는 방법이다. 바닥에서 턱까지의 방법을 재게되며, 정도에 따라 옆의 표와 같이 유연성을 구분한다.

평가	기록
아주 좋음	30cm 이상
좋음	20-29cm
보통	10-19cm
나쁨	9cm 이하

스트레칭의 종류

능동적 스트레칭(active stretching)

능동적 스트레칭은 보조자나 다른 보조 기구의 도움 없이 자신의 관절과 근육을 스스로 늘려주는 방법이다. 만일 다리를 쭉 편 자세로 높이 들어올려 유지하는 경우 들어올린 다리의 앞 넓적다리의 근육은 수축되고 뒷 근육은 늘어난다. 이렇게 수축되는 근육을 주동근, 뒤에 늘어나는 근육을 길항근이라고 하는데 이러한 능동적 스트레칭은 주동근의 근력과 길항근의 유연성을 동시에 증가시켜 줄 수 있다.

요가의 동작들 중에서는 이러한 능동적 스트레칭의 형태를 많이 볼 수 있다. 능동적인 스트레칭은 자신의 한계를 느끼게 되어 몸에 무리가 가지 않게 할 수 있다는 점에 장점이 있으나 바르지 못한 자세로 하게 될 수 있다. 엄살이 많은 사람은 조금만 힘들어도 쉽게 포기하거나 적절한 과부하를 주지 못하게되어 운동의 효과가 떨어지는 단점이 있다.

수동적 스트레칭
(passive stretching)

수동적 스트레칭은 한 동작을 유지하는 동안 신체의 다른 부분이나 파트너의 도움, 또는 보조기구의 도움을 받는 것을 말한다. 예를 들면 다리를 들어올려 유지하는 동안 손으로 받치고 있은 경우를 말한다. 다리를 일자로 벌려 바닥에 앉아 있는 경우 마룻바닥은 유연성을 길러주는 보조기구로서 작용을 하고 이완시킨 상태로의 스트레칭은 때로는 쥐가 나는 근육을 이완시키는 데 효과적이며, 근육의 상해를 치유하는 데에도 도움을 준다.

보조자의 도움을 받아 하는 동작일 경우 보조자가 잘 훈련된 사람이라면 바른 자세를 유지하면서 가

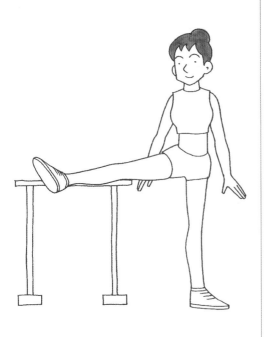

장 효율적으로 유연성을 증가시킬 수 있는 방법이라고 할 수 있다. 수동적인 스트레칭은 '정리운동(cool-down)'에 효과적으로 이용되며, 운동 후 근육의 피로와 경직을 해소하는데 효과적이다

탄도 스트레칭(ballistc stretching)

탄도 스트레칭은 근육이나 관절을 스트레치하여 늘린 상태에서 반복적으로 반동을 주면서 하는 것이다. 평상시의 관절의 가동범위를 넘어서 힘을 주어 탄성을 이용하여 몸이나 팔다리의 움직임을 하기 때문에 상해를 가져오기 쉽다. 천천히 조금씩 정도를 높여가면서 해주어야하며, 스트레칭 방법으로 초보자들에게 권할만한 방법은 못된다.

동적 스트레칭(dyncmic stretching)

동적인 스트레칭은 몸의 움직임의 속도나 정도를 늘려주기 위해 움직이면서 점차적으로 정도를 증가시켜 가는 방법이다. 이것은 탄도 스트레칭 방법과 혼동될 수 있는데 탄도 스트레칭은 최대한 자신이 늘릴 수 있는 범위를 유지하면서 거기에 외적 힘을 더 주어 시도하는 방법이고 동적 스트레칭은 자신이 움직일 수 있는 가동범위 내에서 부드럽게 움직여 주는 것을 말한다.

즉, 팔과 다리를 돌린다든지, 몸통을 비튼다든지 목을 돌리거나 손목을 돌리는 등의 방법으로 몸의 각 부분을 조절하면서 천천히 움직여주는 방법을 말한다. 이렇게 한쪽을 움직이면 다른 한쪽이 늘어나 스트레칭의 효과가 나타나게 된다. 이 스트레칭은 근육을 따뜻하게 해주어 운동할 준비를 할 수 있도록 도와주는 준비운동(warming up) 단계에서 많이 이용된다.

정적 스트레칭(static stretching)

정적인 스트레칭은 관절의 가동 범위 내에서 서서히 근육의 길이를 늘려주는 방법이다.

이 방법은 스트레칭을 하는 동안 움직임이 없다는 것을 의미한다. 정적 스트레칭도 근육을 이완시켜 주고 긴장을 풀어주는 데 효과적인 방법이며, 본 운동 실시 후 정리운동 단계에서 해주면 근육의 유연성을 늘려주거나 근육의 피로를 풀어줄 수 있다. 한 동작을 할 때에는 한 동작을 15~30초 가량 유지하면서 강도를 더해주는 것이 좋다.

정적인 스트레칭은 동적인 스트레칭에 비하여 수동적이고 느리며, 근육통을 완화시켜 주는 데에 효과적이다. 특히 충분히 근육을 덥혀주고 난 뒤에 해주면 근육과 관절의 가동 범위를 좀 더 효과적으로 늘려줄 수 있어 유연성을 훨씬 증가시켜줄 수 있다.

이 방법은 뼈가 완전히 성장하지 않은 어린이나 성장기에 있는 청소년들에게는 건이나 결합조직에 손상을 줄 위험이 있으므로 피하는 것이 좋다. 한 부위를 하루 한 번 이상 하지 않도록 하며, 한 동작을 7~15초 정도 유지하고 한 동작을 하고 나면 적어도 20초 이상의 휴식을 취한다.

등척성 스트레칭
(isometric stretching)

등척성 스트레칭은 동작을 하는 동안 움직임이 없다는 측면에서 정적 스트레칭의 한 형태라고 할 수 있다. 이 방법은 스트레칭을 하는 동안의 통증을 감소시키고 근력을 증가시키는 데에 효과적이다.

보통 벽을 이용하여 몸의 일부를 늘리거나 파트너의 도움을 받아 스트레칭을 하는 등 저항하는 힘을 이용하여 스트레칭을 하는 방법이다.

예를 들면 한 다리를 들어올려 파트너의 손 위에 올리고 자신은 바닥 쪽으로 다리를 내리려 노력하는 동안 그 다리가 내려오지 못하도록 파트너가 위로 잡아 늘려주는 방법이다. 또는 벽을 이용하여 벽을 밀듯이 하면서 벽의 저항을 이용하여 스트레칭을 하는 방법을 말한다.

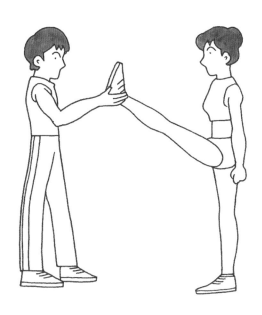

PNF 스트레칭
(Proprioceptive Neuromuscular Facilitation)

이 스트레칭은 근육의 수축과 이완을 동시에 할 수 있는 방법으로 스트레칭과 함께 근력운동이 이루어질 수 있는 운동법이다. 파트너와 함께 할 때 훨씬 효율적인 이 운동법은 가장 빠르고 효과적으로 정적 – 수동적 유연성을 증가시켜 줄 수 있어 스포츠 경기력 향상에 많이 쓰인다. 하지만 PNF 방법은 한 근육에 하루 한 번 이상 하지 않는 것이 좋다.

PNF 방법으로는 정지 – 이완(hold–relax), 정지 – 이완 – 수축(hold–relax–contract), 정지 – 이완 – 흔들기(hold-relax-swing)의 세 가지 형태로 나누어 볼 수 있다. 각 방법의 스 트레칭을 한 다음 다른 근육에 PNF 방법이 실시되기 전 20초 가량 휴식을 취하도록 한다.

■ 정지 – 이완 방법

정지 – 이완 방법은 근육을 늘려주는 동안 등장성 수축을 이루는 근육을 7~15초간 유지한 후 2~3초간 근육올 이완시켜 주는 방법이다. 그리고 바로 수동적인 스트레칭을 실시해 주면 처음 시작했을 때보다 근육이 더 많이 늘어나게 된다.

■ 정지 – 이완 – 수축 방법

이 동작은 두 번의 등장성 수축을 하는 방법으로 스트레칭을 하면서 주동근(수축되는 근육)을 수축하는 동작을 7~15초 가량 하고 난 뒤 길항근(뒤에 늘어나는 근육)을 다시 7~15초 가량 수축하도록 하는 방법이다.

■ 정지 – 이완 – 흔들기 방법

이 방법은 조금 위험한 방법으로 수축이완 스트레칭을 한 뒤 동적 또는 탄도 스트레칭 방법으로 관절이나 근육을 움직여주는 방법이다. 이 방법은 주로 무용이나 운동을 하는 사람들이 하는 것으로 전문 지도자의 지도를 받으면서 하는 것이 좋다.

스트레칭의 방법

운동을 규칙적으로 하기 힘든 이유를 묻는 질문에 대부분의 사람들은 시간부족과 어떻게 해야 하는지 방법을 모르기 때문이라고 답했다고 한다. 하지만 굳이 시간을 따로 내지 않아도 일상생활 중에 언제 어디서나 쉽게 할 수 있는 운동이 바로 스트레칭이다. 어떤 운동이든 올바른 방법으로 하는 것이 매우 중요하다. 특히 스트레칭의 경우 바른 자세로 하면 효과를 훨씬 높일 수 있다. 운동은 같은 관절, 같은 근육을 지속적으로 반복하여 쓰는 것이기 때문에 올바른 방법으로 하지 않으면 오히려 안 하는 것보다 못한 결과를 가져올 수 있다.

따라서 한 가지 운동을 하더라도 올바른 방법을 익혀서 해야 최고의 효과를 올릴 수 있다.

1. 강도

스트레칭을 할 때 가장 궁금한 것이 '어느 정도로 해야 하는가 하는 강도에 대한 문제이다. 스트레칭의 강도는 보통 기분 좋은 통증이 느껴지는 정도가 가장 적당하다. 기분 좋은 통증은 근육이 당겨져 늘

어나는 느낌이 들 때이며, 참을 수 있고 시원하게 늘어나는 느낌이 드는 정도를 말한다. 너무 강도를 세게 하여 끊어질 듯한 고통을 느낄 때까지 늘려주어서는 안 된다.

스트레칭은 특정한 사람이 할 수 있는 운동이 아니라 남녀노소 누구나 할 수 있는 운동이기 때문에 자신의 능력에 맞게 하는 것이 중요하다. 장애를 가진 사람이나 임산부 모두에게 자신에 맞는 스트레칭을 해주는 것이 좋으며, 직업에 따라서 혹은 자신의 활동 형태에 따라 맞는 스트레칭을 하는 것이 좋다.

스트레칭은 구체적으로 몸의 관절과 근육을 움직여주는 것이 좋으며, 바른 자세와 바른 방법으로 실시하는 것이 중요하다.

2. 시간

다음으로 생각해야 할 것이 스트레칭을 얼마나 해야 할까? 하는 시간에 대한 문제이다. 스트레칭을 몇 분간, 또는 몇 시간 동안 해주어야 하는가에 대한 특별한 제한은 없다. 스트레칭을 하는데 적당한 시간은 머리끝에서 발끝까지 온몸의 관절과 근육을 늘려주는 운동이 가능한 시간이다. 그렇다고 반드시 한번에 모든 근육과 관절을 움직여줄 필요는 없다. 시간이 날 때마다 부분적으로 실시를 해주어도 좋다.

관절을 움직여주는 동적인 스트레칭과 근육을 늘려주는 정적인 스트레칭 그리고 PNF 방법 (p22 참조)에 의한 근육의 유연성과 근력을 길러주는 방법 등을 이용하여 신체의 모든 부분을 골고루 해줄 수 있는 시간이 바로 스트레칭에 적당한 시간이 되는 것이다.

각 동작을 실시하는데 드는 시간은, 정적인 스트레칭의 경우 30~60초 정도 정지하고 있는 것이 좋다. 어린이들의 경우는 7~10초 정도 실시해 주는 것이 좋다.

3. 횟수

그렇다면 스트레칭을 몇 번이나 해주어야 할까?
한 동작을 2~5회 반복해 주는 것이 좋다. 또한 스트레칭은 일주일에 몇 번 하기보다는 매일 수시로 해주는 것이 효과적이라고 할 수 있다. 시간이 날 때마다 수시로 부위별, 종류별로 움직여주는 것이 몸의 유연성을 높여주고 건강을 유지해 주는 방법이다. 또한 스트레스와 긴장을 해소하고 몸을 유용하게 쓸 수 있는 방법이다.

스트레칭을 하기 위해 특별한 시간이 필요한 것은 아니다. 피곤하거나 한 자세로 지속적으로 일을 할 때 적어도 한 시간에 한번쯤은 가벼운 스트레칭을 해주는 것이 좋다. 특히 운동 전후에는 상해를 예방하고 운동 능력을 향상시키며, 빠른 피로 회복을 도와줄 수 있는 좋은 방법이 된다.

스트레칭은 하고 싶다고 느낄 때 언제나 할 수 있다. 예를 들면, 아침에 일어나서, 일하다가 피곤할 때, 오랜 시간 앉아 있거나 서 있어야 하는 경우, 몸이 찌뿌둥할 때, TV를 볼 때 등과 같이 언제, 어디서나 쉽게 그리고 효과적으로 할 수 있기 때문에 바쁘게 살아 가는 현대인에게 매력적인 운동이 아닐 수 없다.

4. 호흡

스트레칭을 위한 호흡법이 따로 있는 것은 아니다. 자연스럽게 동작과 조화를 이루면서 호흡을 해주는 것이 좋은 방법. 호흡을 하는 경우에는 가급적 코로 숨을 깊숙이 들이마시고 입으로 천천히 내뱉는다. 보통 스트레칭을 하면서 근육을 늘릴 때 호흡을 내쉬면 근육이 좀더 쉽고 편안하게 늘어나게 된다. 코로 숨을 들이마시게 되면 외부의 공기에 있는 먼지나 이물질이 콧속을 통과하면서 걸러지게 되어 깨끗한 공기가 전달될 수 있으며, 기도를 통과하는 동안 체온과 같이 덥혀져서 폐에 도달하게 된다.

가능하면 숨을 들이쉴 때 배를 내밀어주어 충분한 공간이 확보되면서 신선한 공기를 몸안으로 많이 받아들이도록 하고 내쉴 때에는 배를 안으로 쑥 들이밀어 몸 안에 있는 이산화탄소가 밖으로 충분히 배출되도록 한다.

스트레칭의
기본원리

규칙적이고, 지속적으로 스트레칭을 하기 위해서는 스트레칭에 관련된 여러 가지 원리를 이해하는 것이 중요하다.

운동하는 사람들은 대부분 스트레칭의 효과를 높이기 위해서는 강한 자극을 주어야 한다고 생각한다. 그래서 통증을 느끼면서도 무리하게 스트레칭을 하기도 한다. 하지만 중요한 것은 스트레칭의 양이 아니라 질이다. 갑자기 심한 자극을 주어 몸을 스트레치 하기보다는 적당한 자극을 주어서 꾸준히 해주는 것이 무엇보다 중요하다.

이처럼 스트레칭을 꾸준히 매일 수시로 해줌으로써 유연성은 상당히 증가될 수 있다. 왜냐하면 우리 몸은 여러 가지 환경 변화에 대응하여 일정한 상태를 유지하려는 항상성을 갖고 있기 때문에 자주 스트레칭을 해주게 됨으로써 신체가 거기에 적응하게 되기 때문이다. 스트레칭을 통한 유연성의 증가를 위해서는 다음과 같은 기본적인 운동 원리가 적용되어야 한다.

관절을 가능한 한 늘려준다
- 과신전(과부하)의 원리

근력 향상을 위해 과부하가 필요하듯이 유연성도 마찬가지로 과신전이 이루어져야 한다. 이 과신전의 원리는 스트레칭의 방법에 따라 강도를 조금씩 증가시키는 것으로 규칙적으로 자극을 받게 하면 우리 몸은 그에 대한 반응과 적응이 일어나 근육이나 관절의 신장력이 증가하게 된다.

스트레칭은 유연성을 향상시키는데 가장 효과가 큰 운동이다. 유연성은 관절의 최대 가동 범위를 초과시키는 스트레칭을 통해 향상될 수 있다. 결국 유연성은 관절이 고통을 느끼는 지점까지 늘림으로써 향상될 수 있다. 그러나 고통을 느끼는 지점은 개인의 신체 상태나 운동 정도 등 여러 가지 조건에 따라 다르므로 자신의 상해를 간과한 채 무리하는 일이 없도록 주의한다.

점차적으로 강도를 높여간다
– 점진성의 원리

스트레칭을 할 때는 처음부터 고통이 따를 정도로 지나치게 무리하거나 강도를 높이는 것은 금물이다. 처음에는 부드럽게 조금씩 늘려가면서 점차적으로 강도와 횟수를 늘려주어 유연성이 향상되도록 해주어야 한다.
만약 점차적으로 강도를 늘려주지 않고 무리한다면 통증만 따를 뿐 유연성 증진에는 효과가 없을 수도 있다. 자신의 몸 상태를 살펴가며 점차적으로 그 정도를 늘려가면서 해 주어야 한다는 것을 항상 명심하자.

온몸의 유연성을 높여준다
– 구체성의 원리

스트레칭으로 신체의 어느 한 부위를 유연하게 만든다 해서 온몸이 유연해지는 것은 아니다. 허리의 유연성이 좋은 사람도 다리의 유연성이 좋지 못한 경우가 있듯 신체 각 부위별로 유연성의 정도가 다를 수 있다. 따라서 유연성을 증가시키기 위한 스트레칭을 할 때는 반드시 각 부위별로 구체적인 관절, 구체적인 근육을 움직여주어야 전체적으로 고르게 향상될 수 있다.
스트레칭을 하기 위해서는 이 세 가지의 중요한 기본 원리를 적용하고 기본적인 지식을 알아두어야 한다. 운동 경기, 무용, 물리요법 그리고 요가 등에서 사용되는 스트레칭 방법은 매우 다양하지만 그 기본적인 원리는 같다.

다시 말해 유연성 향상을 위한 스트레칭 방법이 어떠한 것이든 운동을 하는 사람이 관절의 구조와 기능 그리고 운동의 범위와 한계 등에 대해 충분한 지식을 갖추고 있을 때 스트레칭의 효과는 한층 상승하게 된다.

스트레칭 전 주의사항

■ 무리하지 않는다

스트레칭의 정도는 자신이 움직일 수 있는 것보다는 조금 강한 정도로 해야 한다. 이것을 과부하의 원리라고 하는데 어떤 운동을 하든지 자신이 편안하게 해낼 수 있는 능력보다 조금 더 힘들게 해야 운동의 효과를 볼 수 있다. 그러나 자신이 할 수 있는 능력보다 너무 지나치게 늘리거나 또는 다른 사람을 늘려 줄 때 너무 심하게 늘려주게 되면 근섬유가 파열되거나 인대가 상해를 입게 될 우려가 있다. 따라서 스트레칭을 할 때는 기분 좋게 늘어나 가벼운 통증을 느끼는 정도 이상으로 너무 심하게 늘리는 동작은 하지 않는 것이 좋다.

■ 다른 사람과의 경쟁은 금물이다

유연성의 정도는 사람마다 다르다. 신체적 구조가 선천적으로 유연할 수도 있고, 또 지나치게 유연성이 없을 수도 있다. 이렇듯 개인차가 많기 때문에 운동을 할 때는 반드시 자신의 능력에 맞게 운동을 하는 것이 중요하며, 다른 사람이 잘한다고 해서 경쟁적으로 늘리기를 해서는 안된다

■ 진동을 주는 동작을 하지 않는다

스트레칭에 관한 기본 지식을 가지고 있지 않은 사람들이 스트레칭을 하는 모습을 보면 대체로 늘린 부분을 누르면서 반동을 주는 동작을 하는 것을 자주 보게 된다. 운동을 할 준비가 안된 상태에서 이런 동작을 하는 것은 관절에 심각하게 무리를 줄 수 있다.

따라서 반동을 주면서 하는 동작은 가급적 삼가는 것이 좋다. 가볍게 눌러주는 것은 유연성을 증가시키는 데 좋은 방법이 될 수 있지만 이렇게 강도를 더하기 위해 누르는 동작은 아주 천천히 조금씩 누르면서 무리가 되지 않도록 해 주는 것이 좋다. 특히 운동을 하고 난 뒤 땀이 충분히 났을 때에 실시하는 것이 효과적이다.

■ 균형 있게 스트레칭한다

스트레칭을 할 때에는 오른쪽과 왼쪽, 앞과 뒤에 힘의 분배가 고르게 이루어지도록 하는 것이 중요하며 잘 듣는 쪽이 기준이 아니라 잘 안 듣는 쪽을 기준으로 해야 한다. 특히 안 되는 쪽을 더 늘려주어 잘되는 쪽과 균형이 맞도록 해주는 것이 좋다.

특히 자세의 교정을 위해 스트레칭을 할 때에는 반드시 스트레칭의 자세에 신경을 써서 같은 각도, 같은 형태, 같은 길이로 스트레칭이 이루어지도록 해야 한다.

■ 자연스러운 호흡을 한다

스트레칭을 하는 경우엔 호흡을 참지 말고 항상 자연스럽게 호흡을 해주도록 한다. 보통은 늘려주면서 호흡을 내쉬면 보다 쉽게 스트레칭을 할 수 있다.

■ 바른 자세로 정확한 부위를 스트레칭한다

구체적으로 정확한 부위의 관절과 근육을 늘려주도록 해야 하며, 바른 자세로 온몸의 관절과 근육을 스트레칭 시켜주는 것이 좋다.

스트레칭의 효과를 극대화시키기 위해서는 정확하게 어떤 부위를 움직이는지를 느끼면서 그 움직이는 관절이나 근육이 충분히 이완되도록 하는 것이 중요하다.

스트레칭의
효과

스트레칭은 유연성을 길러주는 데 효과적인 운동이다. 특히 관절의 부상 및 근육 뭉침이나 결림을 예방하고 관절의 움직이는 범위를 넓혀준다. 또한 몸을 무리하게 사용해서 생기는 근육 통증을 완화시켜주는 역할을 해준다. 스트레칭은 등, 옆구리, 허리, 다리 등 몸 전체를 움직여주기 때문에 우리 몸의 큰 근육들을 늘려주고 혈액순환을 촉진시켜 준다. 또한 몸의 균형을 되찾게 해 바른 자세를 가질 수 있도록 도와준다.

스트레칭의 효과

■ 운동의 효과를 높인다

운동 기술을 배우고 실행할 때에는 신체의 움직임을 얼마나 유연하게 잘할 수 있느냐에 따라 운동 효과가 달라진다. 따라서 관절의 가동범위와 신체를 늘리고 움직일 수 있도록 근육의 신축성을 갖게 하는 스트레칭은 운동기술을 쉽게, 그리고 완전하게 습득할 수 있도록 도와준다.

■ 생리통을 감소시킨다

복부와 골반 주위, 그리고 허리와 등 부위의 스트레칭 동작을 통하여 생리통을 감소시켜 주고 활동을 편안하게 할 수 있도록 도와준다.

■ 정신적·신체적 이완을 도와준다

스트레칭은 우리 몸의 근육을 충분히 늘려줌으로써 긴장을 이완시켜주고 정신적으로도 안정감을 가질 수 있도록 도와준다.

■ 자신의 몸에 대해 알 수 있다.

각 부위별로 스트레칭 동작을 하다 보면 자신의 신체 각 부분의 상태가 어떤지 알 수 있다. 어느 곳의 기능이 좋지 않은지, 어디에 문제가 있는지를 느낄 수 있는 것, 따라서 문제가 느껴지는 부위를 충분하게 스트레칭해 줌으로써 긴장된 부분의 근육 경직 현상을 완화시켜줄 수 있다.

■ 관절과 근육의 긴장을 감소시켜준다

관절과 근육을 충분히 이완시켜 줌으로써 긴장되고 굳어진 관절을 유연하게 움직일 수 있도록 도와주고 경직된 근육을 이완시켜 긴장을 감소시켜 줄 수 있다.

■ 운동으로 인한 근육의 피로를 풀어준다

스트레칭은 운동 후 생성되는 피로 물질을 빠르게

제거해 주어 근육통을 완화시켜준다. 따라서 운동 후에는 반드시 정리운동으로 스트레칭을 해주어야 한다.

특히 웨이트 운동을 하는 경우 반드시 운동 후 스트레칭을 해주어야 한다. 근 수축을 한 다음 그대로 멈추면 근육의 길이가 짧아진 채로 머물게 되어 근육의 경직 현상이 오기 때문이다.

스트레칭은 이런 웨이트 운동 중에 근육 내에 쌓인 피로 물질인 젖산을 제거해 주는 데 효과적으로 작용을 한다.

운동으로 인한 근육의 통증은 심하지 않으면 1, 2일 정도면 사라지지만 스트레칭을 해주는 경우 회복을 빠르게 해줄 수 있다. 스트레칭은 근육을 다시 원래의 상태로 회복시키도록 돕는 역할을 하기 때문에 근육운동을 위해서 웨이트 트레이닝을 해준 경우에도 반드시 스트레칭으로 정리운동을 해주는 것이 필요하다.

■ 스트레스로 인한 근육 긴장을 감소 시킨다

일상생활에서 오는 스트레스는 스트레스 호르몬의 분비를 증가시킨다. 스트레스 호르몬은 혈관의 수축을 가져와 근육 내로 흐르는 혈액의 흐름을 급속히 감소시킨다. 이는 몸으로 가는 영양 공급을 막고, 심한 경우 근육의 유착현상을 가져오게 한다. 이러한 현상은 근육을 굳게 만들기 때문에 근육 통증을 유발하게 된다. 스트레칭은 근육의 혈액 흐름을 원활하게 함으로써 영양과 산소를 공급해 주어 뭉친 근육을 이완시켜 주는 역할을 한다.

■ 잘못된 자세의 교정에 도움을 준다

항상 움직이는 부위만 움직이고 올바르지 못한 자세로 활동을 계속하게 되면 자세의 변형이 올 수 있

다. 수시로 해주는 스트레칭은 바른 자세를 유지시켜주고 자세를 바로잡아 자연스럽게 자세를 교정해준다.

■ 탄력 있고 아름다운 몸매를 가꾸어 준다

스트레칭은 근육을 충분히 늘려주기 때문에 근육을 가늘고 긴 세장형으로 만들어준다. 이는 근육에 탄력을 주기 때문에 아름다운 몸매를 유지할 수 있도록 도와 준다. 또한 나이가 들수록 굳어지면서 오그라드는 관절을 펴지게 만들어 신장이 줄어드는 것을 막고 아름다운 체형을 유지하도록 하는 데 도움을 준다.

■ 몸을 유연하게 만들어 준다

몸이 유연하면 일상생활에서 일어날 수 있는 크고 작은 안전사고에 민첩하게 대응하고 움직일 수 있기 때문에 안전한 생활을 할 수 있도록 도와준다. 또한 근육의 수축과 이완이 수월하게 되기 때문에 일상생활은 물론 몸을 심하게 움직이게 되는 스포츠 활동에서의 상해를 예방하는 데 도움이 된다.

■ 근력을 강화시켜 준다

스트레칭은 우리 몸의 길항 작용을 이용해 근력을 강화시킨다. 즉, 우리가 움직일 때에는 한쪽 근육이 늘어나며 다른 쪽 근육은 수축을 하게 된다. 이것을 길항작용이라고 하는데 스트레칭은 이렇게 한쪽의 근육을 늘려주고 반대쪽 근육은 수축시키면서 근력을 강화시키게 된다. 따라서 스트레칭은 근력 강화

■ 건강을 유지하고 증진시켜 준다

스트레칭은 근육과 관절의 움직임을 부드럽게 해줄 뿐만 아니라 심장의 기능을 강화시키는 데 효과적이다. 스트레칭을 지속적으로 하는 동안 근육에 필요한 혈류량을 증가시키게 됨으로써 심장의 활동도 도와주어 심장의 기능을 튼튼하게 하기 때문에 건강을 유지, 증진시켜 주는 데에 효과적이다.

에도 효과가 크다.

또한 정적 스트레칭의 경우 한 동작을 적어도 15~30초 정도 정지하고 있어야 하는데 이는 근력 운동에 대단히 효과적일 수 있다.

■ 피부의 노화를 막고 탄력을 준다

스트레칭은 피부가 늘어났다 제자리로 돌아가도록 해주기 때문에 피부에 탄력을 주고 노화를 방지하는 데에 효과적이다. 또한 관절을 부드럽게 하여 가동 범위를 넓혀주고 근육을 늘어나게 함으로써 근육을 세장형으로 아름답게 만들어주며, 적당한 자극으로 키의 성장에 도움을 준다.

뼈의 성장은 골단의 적당한 자극으로 성장을 하게 되며 근육의 신장과 수축은 뼈 성장의 가능 범위를 넓혀주어 성장을 돕고 아름다운 체형을 만드는 데 도움을 준다.

관절의 움직임과 근육의 형태

우리 몸은 각 관절을 중심으로 구부리거나 펴거나 돌리거나 하는 동작을 할 수 있다. 이 관절의 움직임은 한정적이기 때문에 스트레칭을 하기 전 관절이 움직이는 범위에 대해서 먼저 알고 동작을 실시해 주는 것이 좋다.

우리 몸의 각 관절의 움직임

척추관절

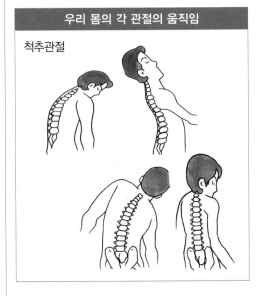

우리 몸의 각 관절의 움직임

목관절

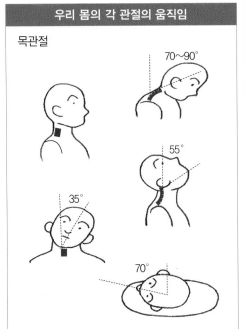

우리 몸의 각 관절의 움직임

손목관절

무릎관절

발목관절

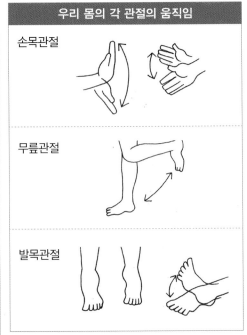

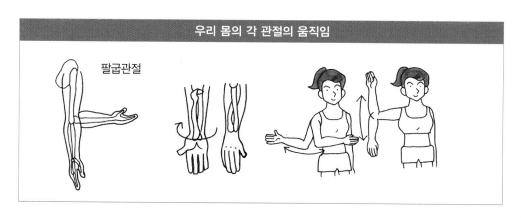

팔굽관절

고관절

어깨관절

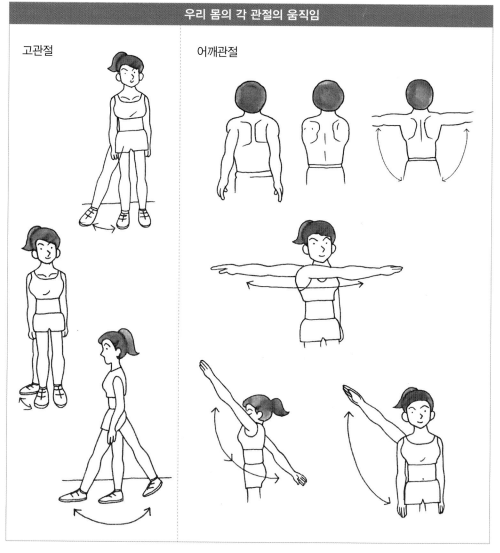

근육의 위치와 형태

스트레칭을 효과적으로 하기 위해서는 우선 나의 몸이 어떻게 생겼으며, 어떤 원리로 스트레칭을 해 야 하고 어떻게 해야 효과를 높일 수 있는지에 대한 기본적인 지식을 알고 있어야 한다. 운동에 앞서 우선 우리가 움직이는 우리 몸의 기본적인 근육에 대해서 알아보자.

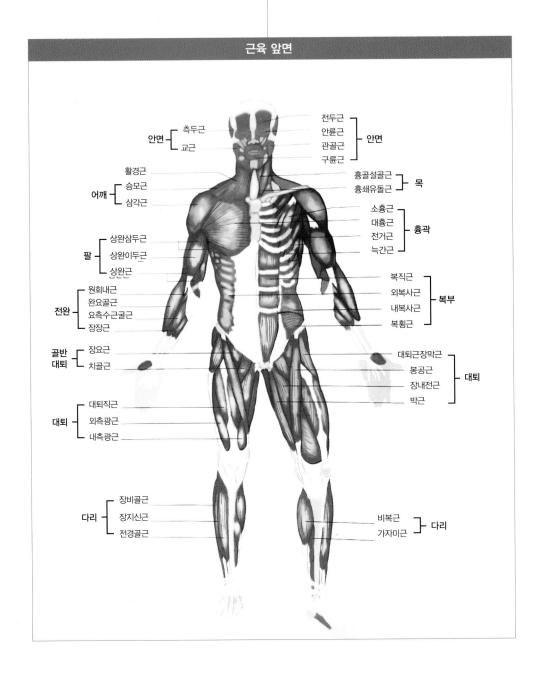

근육 앞면

안면 ⎧ 측두근
　　 ⎩ 교근

활경근
어깨 ⎧ 승모근
　　 ⎩ 삼각근

팔 ⎧ 상완삼두근
　 ⎨ 상완이두근
　 ⎩ 상완근

전완 ⎧ 원회내근
　　 ⎨ 완요골근
　　 ⎨ 요측수근굴근
　　 ⎩ 장장근

골반 ⎧ 장요근
대퇴 ⎩ 치골근

대퇴 ⎧ 대퇴직근
　　 ⎨ 외측광근
　　 ⎩ 내측광근

다리 ⎧ 장비골근
　　 ⎨ 장지신근
　　 ⎩ 전경골근

전두근 ⎫
안륜근 ⎬ 안면
관골근 ⎪
구륜근 ⎭

흉골설골근 ⎫ 목
흉쇄유돌근 ⎭

소흉근 ⎫
대흉근 ⎬ 흉곽
전거근 ⎪
늑간근 ⎭

복직근 ⎫
외복사근 ⎬ 복부
내복사근 ⎪
복횡근 ⎭

대퇴근장막근 ⎫
봉공근 ⎬ 대퇴
장내전근 ⎪
박근 ⎭

비복근 ⎫ 다리
가자미근 ⎭

36

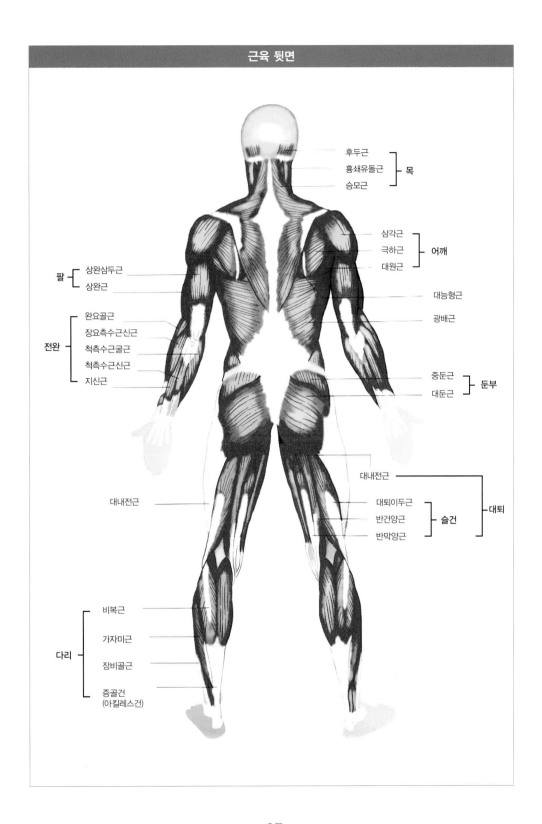

후두근
흉쇄유돌근 ┐ 목
승모근 ┘

삼각근 ┐
극하근 ┝ 어깨
대원근 ┘

대능형근

광배근

상완삼두근 ┐ 팔
상완근

완요골근 ┐
장요측수근신근
척측수근굴근 ┝ 전완
척측수근신근
지신근 ┘

중둔근 ┐ 둔부
대둔근 ┘

대내전근 ┐

대내전근

대퇴이두근 ┐
반건양근 ┝ 슬건 ┝ 대퇴
반막양근 ┘

비복근 ┐
가자미근
장비골근 ┝ 다리
종골건
(아킬레스건) ┘

37

스트레칭의 효과적 활용법

준비운동

스트레칭은 준비운동을 위한 가장 효율적이고 효과적인 방법이다. 많은 사람들이 '준비운동이 곧 스트레칭'이라고 생각할 정도로 어떤 운동을 시작하기 전 많이 이용되는 것이 바로 스트레칭이다.

운동의 효과를 높이려면 가장 먼저 근육을 따뜻하게 해주어 혈액의 흐름을 원활하게 해주어야 한다. 따라서 준비운동으로 스트레칭을 이용할 경우에는 동적인 스트레칭으로 가볍게 해주는 것이 중요하다. 이때 동작의 움직임이 적은 능동적 스트레칭이나 등장성 스트레칭은 준비운동으로 적당하지 못하다. 팔과 다리를 돌린다든지, 목이나 손목을 돌리는 등의 방법으로 몸의 각 부분을 조절하면서 움직여주는 동적 스트레칭이 준비운동으로 효과적이다.

관절 돌리기

준비운동으로 쓰이는 방법은 두 가지로 나눌 수 있다. 관절 돌리기와 유산소성 운동이 그것. 동적인 스트레칭이라고 할 수 있는 관절을 돌리는 스트레칭은 준비운동으로 반드시 해주어야 하는 필수적인 동작이라고 할 수 있다. 관절 돌리기는 오른쪽, 왼쪽으로 번갈아 돌려주어야 하며, 천천히 부드럽게 움직이는 것이 좋다. 동작은 다음의 순서를 따라 또는 반대 순서로 하는 것이 좋다.

1. 손가락

손을 쥐었다 폈다 하면서 손가락 관절을 움직여준다

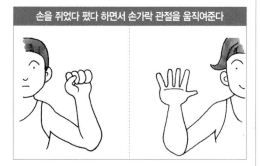

2. 손목

주먹을 쥐고 상하좌우로 꺾어준 다음 주먹을 펴고 좌우로 움직인다

3. 팔꿈치

팔꿈치를 안으로 굽혔다 펴주는 동작을 취한다

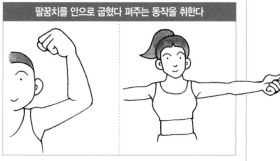

4. 어깨

어깨를 바싹 당겨 움츠려준 다음 툭 떨어뜨린다

앞으로 굽혀 움직여 준 다음 뒤로 쫙 펴준다

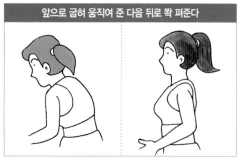

5. 목

목을 상하좌우로 돌려준다

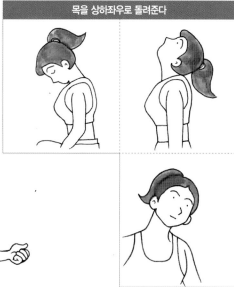

6. 몸통, 허리

몸통과 허리를 옆, 앞, 뒤로 최대한 움직여준다

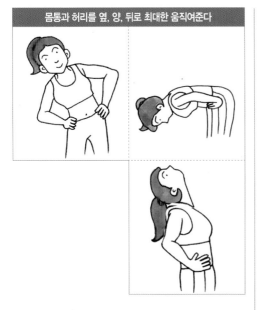

9. 무릎

무릎을 돌려준 다음 다리를 앞으로 쭉 뻗었다가 접어준다

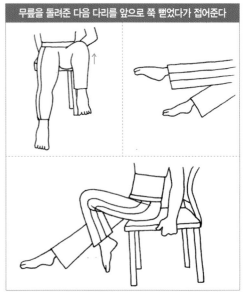

7. 엉덩이

좌우로 돌려준 다음 앞뒤로 움직여준다

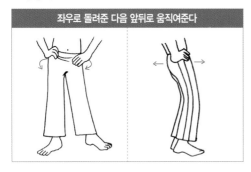

10. 발목

발목을 꺾어준 다음 발가락, 뒤꿈치쪽으로 번갈아 부딪혀준다

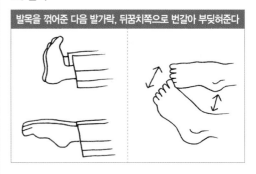

8. 다리

앞으로 90° 들어주고 양옆으로 90° 들었다가 내려준다

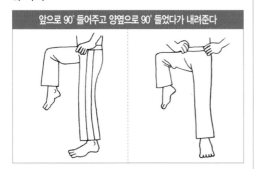

11. 발가락

발가락에 힘을 주어 양옆으로 넓게 벌린 다음 위아래로 벌려준다

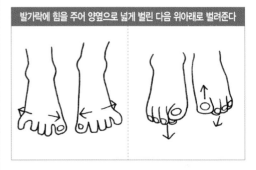

유산소 운동과 스트레칭

관절 돌리기를 한 뒤에는 약 5분 정도 달리기나 줄 넘기, 또는 심장의 기능을 향상시켜 줄 수 있는 활동을 하는 것이 좋다. 이 같은 활동은 몸의 온도를 올려주고, 혈액의 흐름을 빠르게 하여 근육의 혈류량을 증가시켜 주기 때문이다.

이처럼 체온이 상승하고 혈류량이 증가하여 혈액순환이 빨라지면 운동을 더 쉽게 할 수 있으며, 운동 중의 상해 위험도 낮아진다. 따라서 먼저 유산소 운동을 해주어 체온을 올려주고 심장의 박동을 약간 빠르게 한 뒤 정적인 스트레칭을 실시하는 것이 좋다. 일반적으로 준비운동으로 하는 정적인 스트레칭은 천천히 부드럽게 실시한다.

정적인 스트레칭이 끝나면 가볍게 다리를 들어 올린다거나 팔 전체를 돌려주는 동적인 스트레칭을 해주는 것이 좋다. 그러나 이것은 단지 준비운동이라는 점을 명심하고 너무 강도가 지나치지 않도록 한다.

이전에는 스트레칭이라는 개념이 운동 중에 생기는 위험을 예방하고 효율적인 움직임을 도와준다는 보조적인 측면에서 많이 이용되어 왔다. 하지만 스트레칭 자체가 하나의 운동으로서 그 역할을 톡톡히 해내고 있으며, 준비운동으로써도 효과가 크기 때문에 그 중요성이 더욱 강조되고 있다.

section 2
정리운동

정리운동의 목적은 운동 시 축적된 피로 물질인 젖산과 부산물들을 빠르게 제거하고 근육의 뭉침과 통증을 방지하고 편안한 상태로의 빠른 회복을 돕는 데에 있다.

대부분의 사람들이 운동을 한 다음 정리 운동을 소홀히 하는 경우가 있는데 본 운동보다 더 중요한 것은 정리운동이다.

정리운동은 운동으로 인해 생길 수 있는 역기능을 해소하는 데에 중요한 역할을 한다. 정리운동으로 하는 스트레칭은 운동으로 인한 통증을 감소시키고 근육이 뭉치는 것을 막아준다.

또, 근육이 아름답게 자리잡도록 해주고 또한 운동 시 근육으로 몰렸던 혈액을 다시 편안한 상태로 돌려주어 심장마비의 위험을 감소시켜 줄 수 있다.

정리 스트레칭 방법

정리운동은 5분 정도 하는 것이 적당하다. 우선 정리운동으로 하는 스트레칭은 본 운동에 동원되는 근육이나 관절을 위한 스트레칭을 다시 한 번 실시해 주어 근육을 풀어준다. 그런 다음 가벼운 동적 스트레칭으로 심박수를 안정시킨 뒤 몇 가지 정적인 스트레칭을 해주도록 한다.

이 스트레칭 방법은 운동 후 쥐가 나는 현상이나 근육이 뭉치는 현상, 피로한 근육으로 인한 통증을 줄이고 편안한 느낌이 들도록 해준다.

section 3
스트레칭의 기본동작

스트레칭을 위한 기본동작은 모든 동작을 하기 전에 몸 전체를 가볍게 움직여 본격적인 동작을 할 수 있도록 준비하는 역할을 한다. 따라서 워밍업 단계의 가벼운 스트레칭은 먼저 호흡을 하면서 체내에 맑은 공기를 공급해 주도록 하고 굳어져 있던 우리 몸의 각 관절을 부드럽게 풀어줄 수 있도록 한다.

이를 위해서는 목부터 발목 관절까지 가능한 관절을 차례로 돌리기, 흔들기, 비틀기 등을 통해서 관절의 가동범위를 넓혀주는 것이 가장 중요하다. 이러한 관절 스트레칭은 보통 동적인 스트레칭 방법이라고도 하는데, 운동이나 활동을 시작하기 전에 해 줌으로써 본 운동 시 상해를 줄여줄 수 있는 중요한 동작이다. 가장 기본적인 스트레칭 방법은 호흡과 함께 관절을 움직여 주고 마지막으로 대표적인 우리 몸의 대근육들을 풀어주는 것이다.

호흡하기

호흡의 기본은 코로 밖의 신선한 공기를 흡입하고 입으로 몸 안의 이산화탄소를 내보내는 과정이다. 코로 숨을 쉬면 바깥 공기가 콧속의 털을 통과할 때 이물질을 거르게 되고 기도를 통하여 몸으로 흡입되는 동안 공기가 덥혀져 체온과 같은 온도로 폐 속에 흡입되게 된다. 내쉬는 숨은 바로 입을 통하여 이산화탄소가 밖으로 배출되도록 한다. 호흡을 천천히 들이마시고 천천히 내쉬면서 모든 동작을 행한다.

■ **복식 호흡하기**

양손을 배에 얹고 코로 숨을 들이마시면서 배가 밖으로 부풀려지도록 천천히 들이마시고 다시 배가 안으로 쏙 들어가도록 하면서 입으로 숨을 내쉰다. 이 동작을 천천히 반복한다. 내쉬는 호흡을 좀 더 길게, 배 근육을 눌러 주는 듯한 느낌으로 한다.

■ **가슴 열면서 호흡하기**

다리를 약간 벌리고 선 자세로 양손을 위로 천천히 올리면서 코로 숨을 들이마신다. 다시 팔을 아래로 내리면서 입으로 숨을 내쉰다. 이 동작을 반복한다.

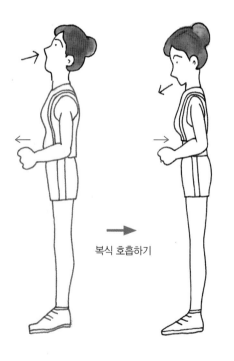

복식 호흡하기

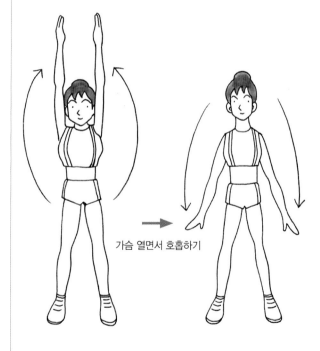

가슴 열면서 호흡하기

■ 균형 잡으면서 호흡하기

서서 몸 앞에서 양 손바닥을 천장을 향하도록 하고 천천히 발뒤꿈치를 들면서 위로 손을 들어올림과 동시에 코로 호흡을 들이 마신다. 뒤꿈치와 손이 위로

올라간 상태에서 다시 입으로 숨을 내쉬면서 양옆으로 손을 내리고 발뒤꿈치도 내린다. 다시 한 번 뒤꿈치를 올리면서 손을 가슴 위까지 들어올리면서 숨을 들이쉬고 다시 손바닥을 아래로 누르듯이 하면서 입으로 숨을 내쉬면서 뒤꿈치도 내린다. 이 동작을 반복한다.

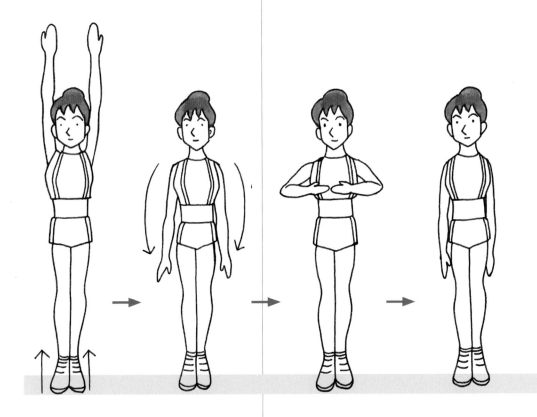

■ 손 깍지 껴 위로 밀어올리기

다리를 벌리고 선 자세에서 양손을 가슴 앞에서 깍지를 끼고 앞으로 쭉 밀어준 뒤 위로 들어 올린다. 양팔을 귀 옆에 바짝 붙이면서 위로 힘껏 밀어올린다. 호흡을 코로 들이마셨다 입으로 내쉬면서 10까지 센다. 다음 천장을 보면서 팔은 그대로 위로 뻗은 채 상체를 뒤로 젖힌다.

■ 손 깍지 껴 위로 밀어올리기

관절 풀기

■ 목 구부리기

목을 귀가 어깨에 닿는다는 느낌으로 양옆으로 가
볍게 구부려 준다. 반대쪽으로 반복한다.

■ 위아래 보기

턱을 들어 천장을 보고 아래로 고개를 숙여 가슴
을 본다.

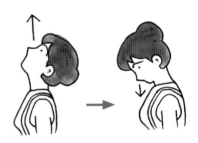

■ 양옆 보기

턱이 어깨에 닿는다는 느낌으로 양옆으로 고개를
돌려 옆으로 본다.

■ 목 돌리기

가볍게 목을 오른쪽에서 왼쪽으로 다시 왼쪽에서
오른쪽으로 돌려준다.

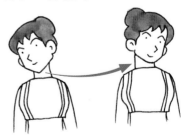

■ 어깨 올렸다 내리기

어깨가 양 귀에 닿는 느낌으로 힘주어 위로 올렸다
가 내린다.

■ 어깨 앞뒤로 움직이기

가슴을 한껏 모아 어깨를 앞으로 모았다가 뒤로
완전히 펴준다.

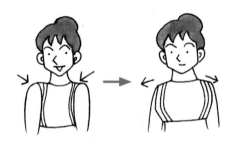

■ 손목 돌리기

양옆으로 팔을 어깨 높이로 올린 상태에서 주먹을
쥐고 손목을 앞에서 뒤로, 다시 뒤에서 앞으로 돌
려준다.

■ 어깨 돌리기

어깨를 앞에서 뒤로 다시 뒤에서 앞으로 돌려준다.

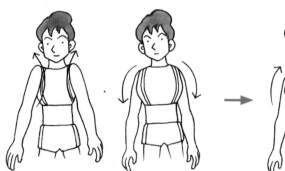

■ 척추 양옆으로 밀기

양팔을 어깨 높이로 올린 상태로 척추를 양옆으로 밀어준다.

■ 척추 앞뒤로 밀기

허리에 손을 얹고 척추를 앞뒤로 밀어준다.

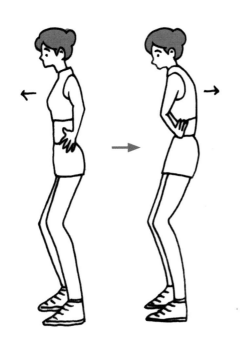

효과적인 스트레칭 순서

● 관절 운동의 순서

관절 돌리기는 천천히 부드럽게 움직이도록 하는 것이 좋다.

순서 : 손가락 – 손목 – 팔꿈치 – 어깨 – 목 – 몸통 – 허리 – 엉덩이 – 다리 – 무릎 – 발목 – 발가락

● 스트레칭 순서

스트레칭은 상체에서 하체로 큰 근육 부터 순서대로 몸을 풀어주면 더욱 효과적으로 활용할 수 있다.

순서 : 등 – 옆구리 – 목 – 어깨 – 손 – 몸통 – 허리 – 엉덩이 – 대퇴 – 무릎 – 종아리 – 발목 – 발

■ 골반 옆으로 밀기

허리에 손을 얹고 무릎을 살짝 구부린 상태로 골반을 오른쪽, 왼쪽으로 밀어준다.

■ 골반 앞으로 밀기

허리에 손을 얹고 골반을 앞뒤로 밀어준다.

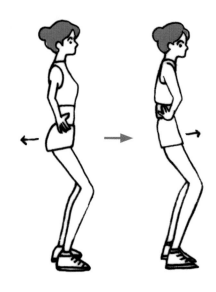

■ 허리 돌리기

허리에 손을 얹고 허리를 오른쪽에서 왼쪽으로 다시 왼쪽에서 오른쪽으로 돌려준다.

■ 발목 돌리기

한 다리를 직각으로 앞으로 들어올린 상태에서 발목을 안에서 바깥쪽으로 다시 바깥쪽에서 안쪽으로 돌려준다.

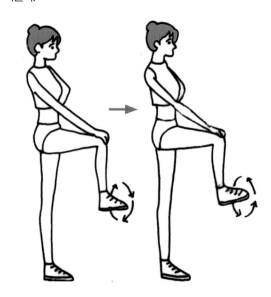

■ 고관절 돌리기

한 무릎을 앞으로 직각으로 들어올려 옆 바깥쪽으로 돌려준다. 다시 바깥에서 안으로 돌려준다. 반대쪽으로 반복한다.

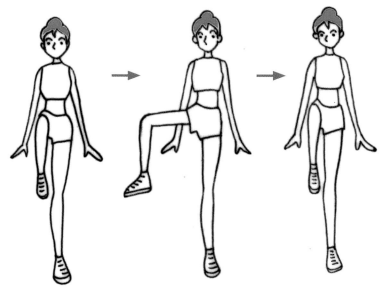

■ 무릎 돌리기

한 무릎을 앞으로 직각으로 들어올려 무릎 위에 손을 대고 무릎을 안에서 바깥쪽으로 다시 바깥쪽에서 안쪽으로 돌려준다. 반대쪽으로 반복한다.

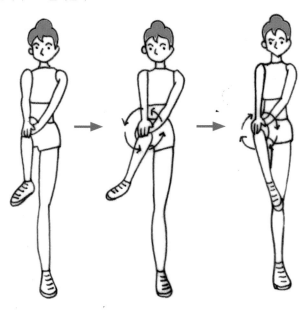

몸 전체 늘리기

■ 몸 펴기

서서 발끝을 들고 팔을
위로 쭉 펴서 잡고 한 발
씩 제자리에서 걸으면서
몸 전체를 위로 늘려준
뒤 완전히 늘어뜨리면서
상체를 앞으로 숙인다.

■ 상체 뒤로 젖히기

다리를 벌리고 선 자세로 가슴 앞에서 깍지 끼고 두 팔을 위로 밀어올리고 상체를 위로 젖혀준다.

■ 옆구리 늘리기

다리를 벌리고 서서 한 팔은 위로 한 팔은 아래로 내리면서 상체를 옆으로 굽힌다. 반대쪽으로 반복한다.

■ 몸 앞으로 구부리기

발을 꼬아서 선 상태로 상체를 구부려 반대쪽 발을 잡듯이 한다. 반대쪽으로 반복한다.

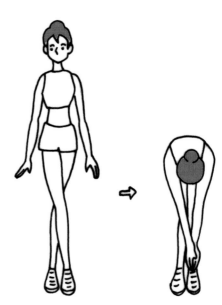

■ 몸 비틀기

다리를 넓게 벌리고 서서 발을 바깥을 향하게 한다. 양 무릎을 굽혀 직각이 되게 하고 양손으로 무릎을 짚고 한 손은 무릎을 바깥쪽으로 밀어주고 다른 쪽은 팔을 쭉 펴서 어깨를 안으로 민다. 반대쪽으로 반복한다.

날씬한 몸매 가꾸기는 어쩌면부터 개인의 선택이 아닌 사회적 요구사항처럼 되어버렸다.

이러한 현상은 몸짱 신드롬을 일으키기도 하였다.

하지만 몸을 슬림하고 예쁘게 만든다는 것은 미적인 외형을 만든다는 것 이외에 건강한 몸을 만든다는 점에서 대단히 필요하다고 할 수 있다.

지방을 빼고 근육을 키우는 것은 우리 몸이 바르게 서기 위한 필수 요소이다.

몸을 바로 세우기 위한 스트레칭은 자연스럽게 우리의 몸을 슬림하고 예쁘게 만들어 줄 것이다.

SLIMMING STRETCHING

슬리밍 스트레칭

건강은 바른 자세부터 시작

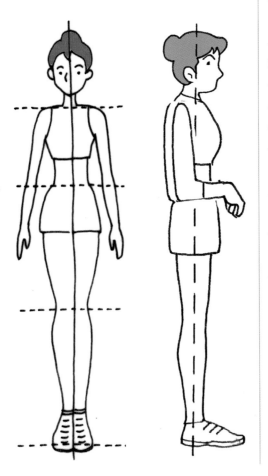

1. 서 있을 때의 바른 자세

고개를 세우고 턱은 약간 든 자세로 가슴을 곧게 세워 펴고 골반은 약간 뒤로 빠진 상태가 가장 바른 자세. 정상적인 척추 만곡이 유지되는 상태로 선 것이 바른 자세이다. 몸 가운데로 가상의 선이 지난다고 가정 했을 때, 양어깨. 골반, 무릎, 발이 일직선 상에 위치해야 하며 옆으로 설 때 귀, 어깨의 가운데 지점, 골반의 가운데 지점, 무릎의 가운데 지점 그리고 복숭아뼈까지를 연결하는 가상의 선이 일직선을 이루어야 한다.

2. 의자에 앉아 있을 때의 바른 자세

우리가 서 있을 때 요추에 가해지는 부담이 100이라면 의자에 앉았을 때는 140 정도의 부담을 주게 된다. 이 같이 서 있을 때보다 앉아있을 때 허리에 주는 부담이 더 크기 때문에 장시간 운전을 하거나 장시간 앉아 있어야 할 때에는 30분이나 1시간마다 쉬거나 서서 간단한 체조를 해주는 것이 바람직하다. 서 있을 때의 자세는 자기 의사로 조절이 되나 의자에 앉았을 때는 의자의 형태나 높이 등이 자세에 큰 영향을 미친다.

높이는 대퇴부가 수평이 되거나 무릎이 다소 높아지는 것이 좋다. 그러나 너무 높으면 허리의 신근(伴筋)이 작용하게 되므로 피로하기 쉽다. 깊이는 대퇴부의 길이보다 짧은 것이 좋다. 그렇지 않으면 무릎 뒤편이 압박되고 이런 상태로 오랜 시간 앉아 있을 경우에는 혈액순환의 장애를 일으킨다.

의자의 경사는 사무용은 3~5°, 휴식용은 15° 정도가 적당하고, 등받이는 사무용은 100~110°, 휴식용은 115~130°가 좋다.

척추에 가장 무리를 덜 주는 의자의 등받이 각도는 150°이며, 등받이의 중간 부분은 볼록하게 앞으로

나와 요추와 흉추 하부를 받쳐줄 수 있는 것이 좋다. 의자 높이는 앉았을 때 무릎의 높이가 엉덩이 높이보다 약간 위로 올라갈 정도가 좋다.

등받이의 만곡부(휘어진 부분)는 서 있을 때의 척추의 휘어진 부분보다 완만해야 한다. 아무리 좋은 의자에 앉아도 똑같은 자세를 계속하면 근육과 추간판이 휘어지기 쉬우므로, 수시로 자세를 바꾸고 움직여주어야 한다.

3. 걸을 때의 바른 자세

자세가 나쁘면 일정한 속도로 오래 걸을 수 없다. 걸을 때는 사뿐사뿐 가볍게 걸어야 하며, 리듬을 타면서 걷는 것이 좋다. 턱은 약간 들어주고 복부를 끌어당기고 가슴을 곧게 세운 자세로 양팔을 몸 옆에 자연스럽게 늘어뜨린 상태로 앞뒤로 자연스럽게 흔들리도록 하며, 이동을 할 때에는 몸의 중심이 함께 이동이 되도록 한다. 즉, 엉덩이가 뒤로 빠지거나 가슴이 뒤로 젖혀지는 형태가 되어서는 안 되며, 팔자나 안짱 걸음으로 걷지 않도록 한다. 팔은 몸 양옆으로 자연스럽게 늘어뜨린 상태로 앞뒤로 움직이고

발 사이의 간격은 약 7cm 정도로 골반이 벌어진 정도의 간격이 유지된 상태로 걷고, 보폭은 자신의 발의 1.5배 정도로 하여 걷도록 한다.

4. 달릴 때의 바른 자세

가볍게 주먹을 쥐고 팔꿈치를 구부려 양옆에 둔 상태로 앞뒤로 가볍게 흔들면서 달린다. 달릴 때는 중심이 체중과 함께 이동이 될 수 있도록 하며, 가볍게 뛰도록 한다.

5. 운동할 때의 바른 자세

모든 동작을 할 때는 신체의 균형이 잘 이루어진 상태로 움직여야 한다. 좌우의 균형이 잘 맞아야 하며, 중심의 이동이 바르게 이루어져야 한다. 따라서 달리는 자세를 하는데 엉덩이가 뒤로 빠진다든지

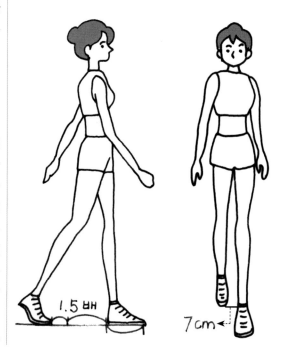

55

가슴이 너무 앞으로 나온다든지 해서는 안 된다. 또한 스트레칭 동작을 하는 경우에도 좌우 신체의 벌린 각도가 다르다든지 높이가 달라져도 한 부분에 부담을 주기 때문에 좋지 않다. 특히 근력 운동을 하는 경우 좌우 팔과 다리에 주어지는 힘이 불균형해서는 안된다.

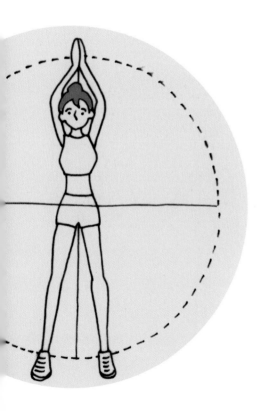

6. 잠잘 때의 바른 자세

고침단명(高枕短命), 베개를 높이 베는 것이 수명을 단축시킨다는 말이 있다. 일반적으로 사람들은 하루 종일 고개를 숙이고 활동을 하기 때문에 잠잘 때까지 높은 베개를 베고 잔다면 숙면을 취하는데 도움이 되지 않는다는 뜻이다.

잠잘 때는 척추의 자연적인 곡선을 그대로 유지하는 자세로 자는 것이 인체에 무리를 주지 않는 좋은 자세이다. 목 베개를 베고 바른 자세로 누워서 자는 것이 좋으며, 목 베개가 없으면 수건을 적당한 높이로 말아서 목의 맨 아랫부분에 대고 되도록 어깨 쪽으로 당겨서 목의 자연스러운 곡선을 만들어주어야 한다. 이때 머리 뒷부분은 바닥에 닿게 하고 턱을 약간 들어서 뒤로 젖혀주고 목과 어깨의 힘을 뺀다. 잘 때 가능한 한 반듯이 누워서 자는 것이 척추에 가장 적게 무리를 주며 옆으로 잘 경우에는 목 높이와 일치한 높이의 베개를 베어 척추가 일직선이 되도록 하고 무릎은 약간 구부려 포개고 다리 사이에 적당한 높이의 쿠션을 대는 것이 좋다.

7. 운전할 때의 바른 자세

운전할 때에는 의자의 각도를 100~110°로 조정하고 목 받침대를 귀 높이보다 약간 높게 하여 목을 받친 상태로 운전을 하는 것이 가장 부담을 덜 주게 된다. 이러한 자세로 장시간 운전할 때에는 자주 목을 젖혀주거나 돌려주는 운동을 해 주는 것이 좋다. 장거리 운전을 할 때에는 허리 받침대와 목 보호대가 반드시 필요하다. 장시간 운전을 하거나 비행기 여행을 할 때는 30분이나 한 시간마다 쉬거나 서서 간단한 체조를 해 주는 것이 척추 건강에 좋다.

잠 잘때의 바른자세

8. 물건을 들거나 옮길 때의 비른 자세

인체의 근육 중에서 허리에 있는 근육은 매우 약하므로 허리 근육을 쓰는 일은 되도록 피하는 것이 좋으며, 허리 근육을 강화시키는 운동을 많이 하는 것이 좋다. 물건을 들어올릴 때는 물건에 가까이 서서 몸에 가깝게 밀착시켜 대퇴 근육의 힘으로 일어나고 허리와 상체를 곧게 펴주도록 하는 것이 좋다.

물건을 옮길 때는 끌어당기는 것보다 미는 것이 좋으며, 가능한 바퀴가 달린 손수레를 이용하여 무거운 물건을 옮기는 것이 좋다. 아기는 앞으로 안기보다는 등에 어깨띠를 이용해 업는 것이 좋다. 메는 가방을 한쪽 어깨에만 주로 메고 다니면 그쪽 어깨가 반대쪽 어깨보다 올라가게 되어 자세 불균형과 함께 척추의 구조적 변형을 가져오기 쉽다.

운전할 때
바른 자세

아기를 업을 때
바른 자세

물건을 옮길 때
바른 자세

뒤틀린
몸을
잡아주는
스트레칭

몸의 균형을 맞춘 다음
스트레칭을 시작하자

스트레칭을 하기 전 자신의 몸 상태를 파악해 주는 것은 무엇보다 중요하다. 우선 오른쪽과 왼쪽, 양쪽 근육의 발달이 불균형적으로 되어 있다면 동작을 할 때 주의를 기울여 가면서 해주어야 한다.

한쪽의 근육이 유난히 발달한 경우는 반대쪽 근육도 함께 발달하도록 약한 쪽 근육의 운동을 집중적으로 하여 양쪽의 균형이 같아지도록 해야 한다. 그냥 무시하고 운동을 계속 하다보면 강한 쪽 근육은 더 발달하게 되고 움직일 때마다 근육의 힘이 더 커지기 때문에 자칫하면 자세를 더 망가지게 하는 결과를 가져올 수 있다.

또한 유연성에 있어서도 양쪽이 차이가 나는 경우가 많은데 잘 늘어나는 부분만을 자꾸 움직이다 보면 역시 자세가 더 많이 비틀어지기 쉽다. 따라서 유연성 운동을 할 때에도 덜 늘어나는 부위를 잘 늘어나는 곳에 맞추어 균형을 맞춘 뒤 함께 운동을 해주어야 한다.

스트레칭 할 때 기억하자

스트레칭을 할 때는 오른쪽과 왼쪽의 각도와 강도를 맞춰주어야 한다는 것을 유념해야 한다. 항상 바른 각도, 양쪽의 균형에 신경을 쓰면서 운동을 해주어야 한다.

또한 모든 동작을 할 때는 정확한 자세로 어느 근육이 움직이고 힘이 주어지는가를 느끼면서 해주어야 한다. 각 동작을 할 때는 호흡을 자연스럽게 함께 해주는 것이 좋으며 양쪽에 힘이 고르게 주어지도록 신경을 쓰면서 해야 제대로 된 효과를 얻을 수 있다.

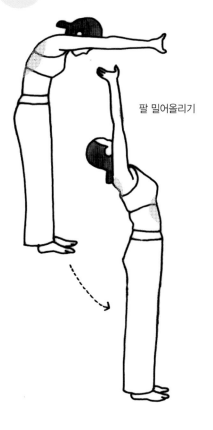

팔 밀어올리기

상체운동

팔 밀어올리기

두 발을 모으고 선 자세로 무릎을 구부리면서 양손을 깍지 끼고 가슴 앞으로 상체를 굽히면서 밀어 올렸다 왼쪽, 오른쪽, 다시 정면으로 반복한다.

서서 상체 옆으로 돌리기

발을 약간 벌리고 선 자세에서 척추를 꼿꼿하게 세우고 몸통을 돌려 뒤를 본다. 반대쪽으로도 실시한다.

등 펴서 앞으로 굽히기

다리를 약간 벌리고 선 자세로 몸을 곧게 세우고 머리 뒤에서 깍지를 낀다. 등을 곧게 펴고 턱을 약간 든 상태로 상체를 천천히 앞으로 구부려 등에 힘이 들어가도록 한다. 천천히 다시 일어선다

서서 상체 옆으로
돌리기

등 펴서 앞으로
굽히기

가슴 구부리기

두 무릎을 약간 구부린 자세로 서서 양팔을 가슴 높이에서 양옆으로 벌렸다가 가슴을 뒤로 동그랗게 말면서 양팔을 앞으로 모은다. 다시 양팔을 양옆으로 벌리면서 가슴을 앞으로 한껏 민다.

몸통 돌리기

선 자세에서 옆구리가 한껏 늘어날 수 있도록 한 팔은 위로, 한 팔은 아래로 하면서 구부렸다가 상체를 동그랗게 말면서 팔을 몸 앞으로 돌려 정면으로 돌아온다. 옆으로 구부리는 동작을 반복한 뒤 팔을 돌려 정면으로 돌아온다.

가슴 구부리기

몸통 돌리기

서서 옆으로 상체 구부리기

두 팔을 위로 들고 다리를 약간 넓게 벌리고 선 자세에서 상체를 옆으로 구부린다. 앞이나 뒤로 상체가 기울어지지 않고 바로 옆으로 기울어지도록 한다. 반대쪽으로 반복한다.

두 팔 들어 허리 돌리기

다리를 약간 넓게 벌리고 선 자세에서 두 팔을 위로 들고 상체를 옆으로 굽혔다가 허리를 돌리면서 앞으로, 옆으로, 다시 허리를 돌리면서 뒤로 갔다가 제자리로 돌아온다.

서서 옆으로 상체
구부리기

두 팔 들어 허리돌리기

옆구리 늘리기

두 다리를 구부려 옆으로 앉은 자세에서 다리를 구부린 쪽으로 상체를 구부리면서 옆구리가 늘어나도록 한다. 반대쪽 손은 바닥을 짚어준다. 반대쪽으로 반복한다.

등 펴기

벽에 등을 곧게 대고 두 팔을 위로 들어 쭉 펴준 다음 90도로 무릎을 굽히면서 내려온다. 10초간 정지하고 있다가 내린다.

골반 잡아당기기

벽에 등을 곧게 대고 앉아서 다리를 몸 앞으로 구부려 발바닥이 마주보도록 한다. 발을 몸 앞으로 잡아당기도록 한다.

상체 앞으로 누르기

벽에 등을 곧게 대고 앉아서 다리를 몸 앞으로 구부려 발바닥이 마주 보도록 한다. 발을 몸 앞으로 잡아당기면서 상체를 앞으로 구부렸다가 일어난다. 이때 등을 동그랗게 말지 말고 턱을 앞으로 들고 등을 편편하게 하여 굽혀준다.

옆구리 늘리기

등 펴기

골반 잡아당기기

상체 앞으로 누르기

상체 정렬하기

상체 기울이기

상체 정렬하기

한 다리는 옆으로 넓게 벌리고 한 다리는 직각으로 구부리면서 몸을 사선으로 만들어준 다음 한 팔은 위로 한 팔은 아래로 해 바닥을 짚는다. 반대쪽으로 반복한다.

상체 기울이기

한 다리는 옆으로 펴고 한 다리는 뒤로 구부려 무릎으로 앉은 자세에서 편 다리 쪽으로 상체를 기울여 옆구리가 늘어나도록 한다. 반대쪽으로 반복한다.

척추 비틀기

한 다리는 펴고 다른 한 다리는 무릎을 세워 그 위로 접어 앉는다. 세운 무릎의 반대쪽 손으로 무릎을 싸안아 가슴 앞으로 당겨주고 상체를 꼿꼿하게 세워 세운 다리 쪽으로 몸을 비틀어 뒤를 본다. 반대쪽으로 반복한다.

엎드려 어깨, 등 늘리기

무릎을 꿇고 앞으로 엎드린 자세에서 팔을 앞으로 쭉 펴서 누르면서 어깨와 등이 펴지도록 한다.

척추 비틀기

엎드려 어깨, 등 늘리기

한 다리 돌려 무릎 바닥에 닿기

누워서 한 다리를 구부려 직각이 되도록 하고 그 상태로 골반을 돌려 옆으로 내린다. 반대쪽 손으로 무릎을 눌러 무릎이 바닥에 닿도록 하고 고개는 돌린 다리의 반대쪽을 본다. 반대쪽으로 반복한다.

다리 구부려 옆으로 돌리기

누워서 두 다리를 구부려 직각이 되도록 하고 그 상태로 골반을 돌려 옆으로 내린다. 팔은 양옆으로 벌리고 고개는 돌린 다리와 반대쪽을 본다. 반대쪽으로 반복한다.

두 다리 바닥에 닿기

두 다리를 곧게 펴서 몸과 직각이 되도록 위로 들고 그 상태로 골반을 돌려 옆으로 내린다 팔은 양 옆으로 뻗고 고개는 돌린 다리의 반대쪽을 본다. 반대쪽으로 반복한다.

쟁기 자세

누운 자세에서 허리를 두 손으로 받치면서 두 다리를 머리 위로 넘긴다. 등이 바닥에 그대로 닿아 있도록 한다.

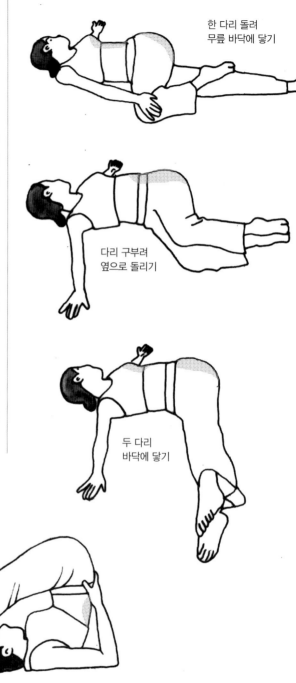

한 다리 돌려
무릎 바닥에 닿기

다리 구부려
옆으로 돌리기

두 다리
바닥에 닿기

쟁기 자세

64

활 모양
만들기

활 모양 만들기

엎드린 자세로 두 발을 뒤로 잡아 활 모양으로 몸을 뒤로 휘게 한다. 상체를 뒤로 젖혀 허리와 등 부분이 구부러지도록 한다. 10초간 정지하고 있다가 내린다.

몸통 굴리기

누워서 양 무릎을 가슴 쪽으로 안아준 다음 10초간 정지하고 있다가 양 옆 앞 뒤로 등을 굴려준다.

몸통 굴리기

하체운동

엉덩이 돌리기

발을 조금 벌리고 약간 구부리고 선 자세에서 엉덩이를 천천히 오른쪽에서 왼쪽으로, 다시 왼쪽에서 오른쪽으로 돌린다.

하체
운동

엉덩이 돌리기

상체 앞으로 굽히기

두 발을 모으고 선 자세에서 상체를 앞으로 굽힌다.
무릎이 구부러지지 않도록 한다.

상체 구부려 반대 발 잡기

다리를 꼬아서 선 자세에서 상체를 구부려 반대쪽
발을 잡도록 한다. 반대쪽으로 반복한다.

앞뒤로 골반 밀기

앞 무릎은 직각으로 세우고 뒷무릎은 뒤로 넓게 벌
려 바닥에 무릎을 꿇은 자세로 골반이 벌어지도록
한다. 골반을 앞뒤로 밀어준다. 반대쪽으로 반복한
다.

상체 앞으로
굽히기

상체 구부려
반대 발 잡기

앞뒤로 골반 밀기

허벅지 당기기

두 무릎을 세우고 누운 자세에서 한 다리를 반대쪽 다리 위에 얹는다. 두 손으로 아래 다리를 펴서 잡고 가슴 앞으로 당긴다. 반대쪽으로 반복한다.

누워서 한 다리 위로 당기기

두 발을 쭉 펴고 누운 자세에서 한 다리의 무릎을 바깥쪽으로 구부려 발목을 잡고 가슴 앞으로 잡아 당긴다. 반대쪽으로 반복한다.

무릎 접어 가슴 앞으로 당기기

다리를 펴고 누운 자세에서 한 다리는 그대로 두고 한 다리는 굽혀 가슴 앞으로 잡아당겨준다. 이때, 골반이 들리지 않도록 하고 자신의 능력에 맞게 한 다. 반대쪽으로 반복한다.

허벅지
당기기

누워서 한 다리
위로 당기기

무릎 접어 가슴
앞으로 당기기

다리 꼬아 골반 돌리기

무릎을 세우고 누워서 한 다리를 다른 쪽 다리 위에 얹어 꼰 자세로 그대로 골반을 돌려 무릎이 바닥에 닿도록 한다. 머리는 무릎의 반대쪽을 보도록 한다. 반대쪽으로 반복한다.

누워서 반대다리 올리고 다리 넘기기

누운 자세에서 한 다리를 펴서 의자 위에 얹고 반대 다리는 펴서 그 위로 넘겨 반대쪽 바닥에 발이 닿도록 한다. 이때 고개는 바닥에 닿은 다리와 반대쪽을 본다. 반대쪽으로 반복한다.

다리 펴서 옆으로 내리기

두 다리를 쭉 펴고 누운 자세에서 한 다리를 직각으로 구부려 올려 같은 손으로 잡고 바깥쪽으로 돌려 바닥으로 내린다. 반대쪽 손으로는 골반을 지그시 눌러 골반이 뜨지 않도록 한다. 반대쪽으로 반복한다.

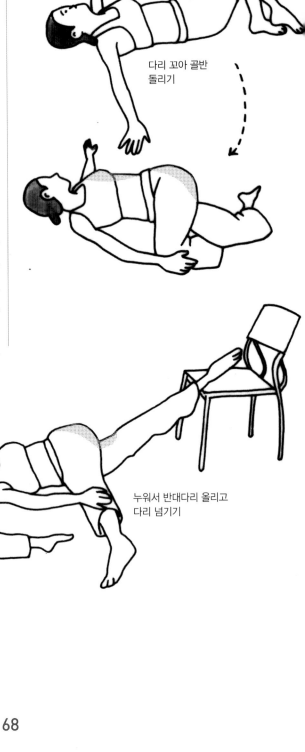

다리 꼬아 골반 돌리기

누워서 반대다리 올리고 다리 넘기기

다리 펴서 옆으로 내리기

무릎 구부려 발 당기기

가슴 앞으로 두 다리를 구부려 누운 자세에서 턱을 무릎 쪽으로 잡아당겨 등이 동그랗게 되도록 하고 두 손으로 양발을 잡아 몸 쪽으로 당겨준다.

발끝 잡아당기기

두 다리를 붙여 앞으로 쭉 뻗고 앉은 자세에서 상체를 구부리면서 양손으로 발가락 부분을 잡고 몸통 쪽으로 잡아당긴다. 이때 등을 곧게 펴고 턱을 약간 앞으로 들어 등 부분에 긴장이 느껴지도록 한다. 10초간 정지하고 있다가 힘을 뺀다.

양옆으로 다리 벌리기

벽에 두 다리를 대고 누운 자세에서 양옆으로 다리를 벌린다. 자신이 할 수 있을 때까지 대퇴 안쪽을 양손으로 눌러준다.

무릎 구부려 발
당기기

발끝 잡아당기기

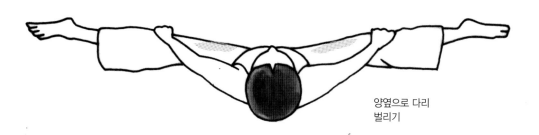

양옆으로 다리
벌리기

하루 5분,
건강 스트레칭
프로그램

우리는 일상생활을 하면서 무의식 중에 같은 동작만을 되풀이한다. 따라서 쓰는 근육만을 집중적으로 쓰게 되고 이로 인해 자주 쓰는 근육은 극도로 피로하게 된다. 잠깐이라도 짬을 내어 평상시 잘 쓰지 않는 근육들을 쓰면서 피로를 풀고 신체의 균형도 되찾도록 하자. 다음에 소개하는 건강 스트레칭은 하루 중 어느 때라도 이어서 해주면 좋다. 이 스트레칭은 하루 종일 앞만 보고 생활하는 우리들에게 등 근육의 근력 향상과 바른 자세를 갖도록 하는 데 도움을 주기 때문에 순서를 외워서 연결하여 하는 것이 좋다.

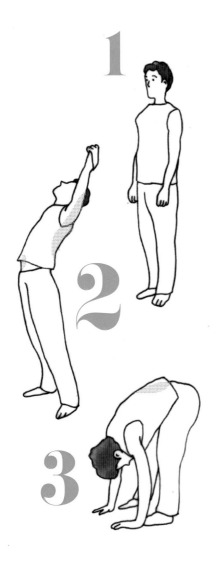

1. 바른 자세 잡기

어깨에 힘을 빼고 배를 넣고 가슴은 약간 위로 올린 상태로 두 발을 모으고 정면을 본다. 숨을 코로 크게 들이마시면서 배를 내밀었다가 입으로 길게 내쉬면서 배를 안으로 밀어넣는다.

2. 뒤로 상체 젖히기

두 발을 모은 상태에서 두 팔을 위로 쭉 뻗어 손을 꼬아 잡고 상체를 뒤로 한껏 젖힌다. 코로 숨을 크게 들이마시면서 뒤로 젖혔다가 숨을 입으로 내쉬면서 팔을 앞으로 내린다. 다시 손을 반대로 꼬아 반복한다.

3. 긴장 풀고 앞으로 상체 숙이기

상체에 힘을 완전히 빼고 무릎을 살짝 구부리면서 상체를 앞으로 깊숙이 숙인다.

4. 등 펴기

굽혔던 상체를 들어 등을 편편하게 펴면서 시선은 전방을 보고 두 손으로 뒷무릎을 잡는다.

5. 팔굽혀 펴기

4 동작에 이어 두 손으로 바닥을 잡고 뒤로 다리를 보내 팔굽혀 펴기 자세를 취한다. 그 자세로 두 번 팔굽혀 펴기를 한다.

6. 뱀 자세

5 자세에서 그대로 배를 바닥에 댄다. 그런뒤 팔을 쭉펴고 상체를 뒤로 한껏 젖혀준다.

7. 어깨 누르기

6번 자세를 한 뒤 뒤로 엉덩이를 빼면서 겨드랑이가 바닥에 닿는 느낌으로 어깨를 눌러주고 무릎은 직각으로 세우고 엉덩이를 뒤로 쭉 뺀다.

다시 7→6→5→4→3→2→1 순으로 돌아온다.

71

스트레칭과 비만관리, 슬리밍

몸의 체지방을 줄이기 위해서 가장 좋은 방법은 땀이 충분히 나고 지속적으로 몸을 덥혀주는 운동 즉, 유산소운동을 해주는 것이다. 유산소 운동은 주로 전신을 움직여 빠르게 걷거나 뛰는 운동들이 포함이 된다. 그러나 근력 운동이나 유연성 운동도 전신 을 빠르게 움직이는 유산소 운동보다 시간 대비 효과는 다소 떨어지지만 반복하는 시간과 횟수에 따라 충분히 그 효과를 볼 수 있다. 스트레칭을 하게 되면 근육이 수축과 이완을 반복하게 되어 근육 내 마이오글로빈의 수치가 증가되고 산소와 혈액 공급을 원활하게 함으로써 에너지 소비량이 많아지게 된다.

따라서 슬리밍을 위한 스트레칭은 근육의 수축과 이완이 확실하게 그리고 지속적으로 되도록 해주는 것이 좋으며, 스트레칭의 종류 중 PNF(p22 참고) 방법들을 쓰면 효과가 크다. PNF 방법은 근육의 수축과 이완을 되풀이하게 함으로써 근육운동의 효과도 거두게 되며, 근육을 늘려주는 효과를 동시에 보게 함으로써 근육의 형태를 아름답게 만들어준다. 이는 체형을 아름답게 만들어 주는 데에 도움을 줄 수 있다. 비만 관리를 위한 스트레칭은 다소 강도가 높고 난이도가 높은 것들이 있다. 따라서 여기에 소개된 쉬운 동작들부터 익혀서 몸이 유연해지면 난이도가 높은 동작들을 하도록 한다.

스트레칭을 과도하게 하려다 보면 자연히 몸의 다른 부분에 힘이 주어지게 된다. 그러면 근육의 경직 현상이 와서 쥐가 나거나 근육이 뭉쳐 신경이 눌리게 되어 오히려 아프게 되는 경우가 생길 수 있다. 따라서 무리를 해서 따라하기보다는 자신에게 맞는 동작부터 시작해 서서히 강도를 높여가는 것이 좋다.

동작을 할 때에는 항상 숨을 내쉬면서 완전히 힘을 빼고 이완을 하도록 의식적으로 노력을 하는 것이 중요하다. 그래야 스트레칭으로 올 수 있는 상해를 예방할 수 있다.

얼굴, 목
슬리밍 스트레칭

얼굴과 목의 슬리밍을 위해서는 얼굴과 목 주위에 있는 근육을 세심하게 움직여주는 운동을 해주는 것이 필요하다. 얼굴에는 약 44개의 근육이 있는데 이것은 수없이 많은 표정을 만들어내는 것으로 우리의 내면을 가장 잘 표현해 주는 부분이다. 또한 얼굴은 우리의 건강을 한눈에 비추어주는 거울이기도 하다. 얼굴의 혈액순환을 돕고 노화를 방지하기 위해서는 목의 경직 현상을 풀어주고 위치를 바르게 해줌으로써 목으로 전달되는 혈류의 흐름을 원활하게 만들어주는 것이 가장 중요하다. 목이 경직되어 한쪽으로 굳어 있으면 얼굴과 뇌로 전달되는 혈액이 흐름이 원활하지 못하게 됨으로써 얼굴의 혈색이 나빠지고 노화가 쉽게 진행된다. 또한 두통을 느끼게 되는 경우도 많다.

 따라서 어깨 부위의 근육은 항상 경직되지 않도록 해주는 것이 좋으며, 목 주위의 근육이 경직되면 빨리 경직 현상을 풀어주어 혈액의 흐름을 원활하게 만들어주는 것이 필요하다. 또한 목과 얼굴의 근육을 자주 움직여주고 늘려주는 스트레칭을 해주면 주름을 개선시키는 효과를 가져다 줄 수 있으며, 얼굴과 목의 혈액순환을 원활하게 하는 데 도움을 준다.

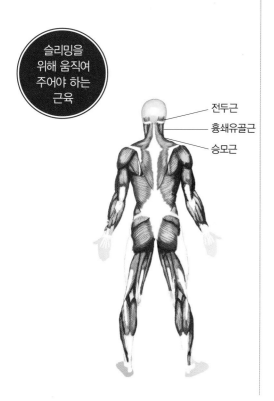

슬리밍을 위해 움직여 주어야 하는 근육

전두근
흉쇄유골근
승모근

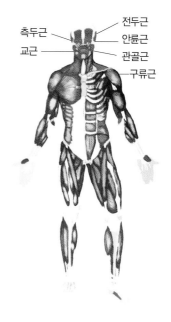

측두근
교근
전두근
안륜근
관골근
구류근

73

1단계

목 힘주기
편안하게 앉은 상태에서 이를 악물듯이 하면서 목에 힘줄이 설 정도로 힘을 준다

턱 밀어올리기
두 손을 깍지 낀 상태에서 엄지를 턱밑에 대고 턱을 위로 밀어올려준다. 한 손으로 턱을 중앙, 양 옆으로 턱을 밀어올려 주면서 다른 한 손으로는 목을 쓸어내리는 동작을 해준다.

눈 돌리기
목을 한쪽으로 돌려 턱이 반대쪽 어깨에 닿는 듯한 느낌으로 당기면서 눈동자를 반대쪽으로 돌려 옆으로 본다.

얼굴 근육 늘리기
입으로 '아 에 이 오 우'의 입 모양을 크게 하면서 얼굴 근육을 늘려준다.

목 힘주기

턱 밀어올리기

얼굴 근육 늘리기

눈 돌리기

눈동자 위로
올려 뜨기

눈동자
돌리기

허 내밀기

눈동자 위로 올려 뜨기

턱을 아래로 내리고 눈을 위로 올려 뜬다.

눈동자 돌리기

눈동자를 아래에서 위로 다시 아래로 굴려준다.

허 내밀기

혀를 아래로 쭉 빼서 내렸다가 오른쪽 왼쪽으로 밀어내린다.

목 뒤 늘리기

머리를 두 손을 잡아 사선 앞으로 잡아당기면서 목을 구부려 늘려준다. 반대쪽으로 반복한다.

손 깔고 앉아 목 늘리기

손을 엉덩이 밑에 깔고 앉아서 목을 한쪽으로 늘려준다. 반대쪽으로 반복한다.

목 뒤 늘리기

손 깔고 앉아
목 늘리기

팔꿈치 당기면서 목 늘리기

뒤로 한쪽 팔꿈치를 잡아당기면서 같은 방향으로 목을 늘려준다. 반대쪽으로 반복한다.

목 잡고 손 누르기

한 손으로 목을 잡아 귀가 반대쪽 어깨에 닿는다는 느낌으로 목을 잡아당기면서 반대 손은 아래로 내려서 눌러준다. 반대쪽으로 반복한다.

목, 팔 반대로 보내기

가슴 앞에서 두 손을 합장한 자세로 목과 손을 서로 반대되는 방향으로 멀리 보낸다. 반대쪽으로 반복한다.

무릎 잡고 고개 뒤로 젖히기

누운 자세에서 한 무릎을 구부려 가슴 쪽으로 잡아당기면서 고개를 뒤로 젖힌다. 반대다리를 잡고 반복한다.

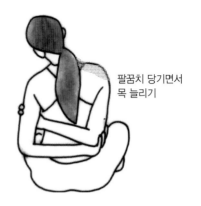

팔꿈치 당기면서
목 늘리기

목 잡고 손 누르기

목, 팔 반대로 보내기

무릎 잡고 고개
뒤로 젖히기

팔, 어깨 슬리밍 스트레칭

팔과 어깨는 자주 긴장되는 부분이며, 스트레스를 많이 받는 경우 가장 민감하게 반응을 하는 곳이기도 하다. 중년 이후 어깨에 자주 나타나는 오십견 등은 어깨 관절과 어깨 근육에 전형적으로 나타나는 통증 혹은 불편한 증상이며, 심한 경우에는 어깨를 들어올리지도 못하는 경우도 있다. 이런 경우에는 움직이지 않고 쉬는 것보다는 아픔을 참으면서라도 여러 가지 운동을 해 주어야 빠르게 회복을 할수 있다.

또한 여성들에게 팔과 어깨 라인은 여성답게 보이게 하는 가장 중요한 부분이기도 하다. 특히 여름철 파인 옷을 입기 위해 가장 신경을 쓰는 부위이기도 하다. 팔과 어깨의 슬리밍을 위해서는 적절한 근력 운동과 함께 팔을 늘려주는 운동인 팔 스트레칭이 반드시 필요하다. 스트레칭은 근육을 길고 아름답게 만들어 주는 데 가장 효과적인 운동이기 때문이다. 팔과 어깨의 슬리밍을 위해서는 팔과 어깨 부위의 근육이 골고루 움직일 수 있도록 운동을 해주어야 한다. 슬리밍을 위해서는 앞서 언급했듯이 근력 운동을 겸한 스트레칭을 시켜주는 것이 효과적이며, 한 동작을 30~40초 이상 지속적으로 늘려주는 것이 좋다.

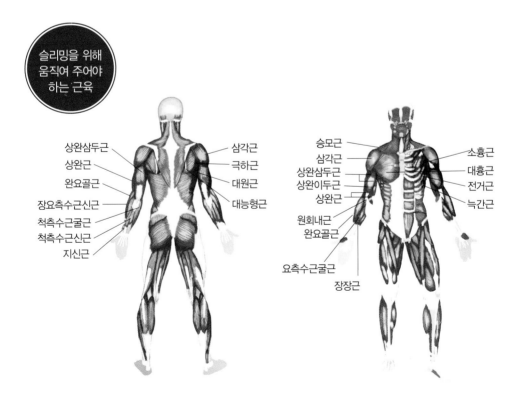

슬리밍을 위해 움직여 주어야 하는 근육

상완삼두근
상완근
완요골근
장요측수근신근
척측수근굴근
척측수근신근
지신근

삼각근
극하근
대원근
대능형근

승모근
삼각근
상완삼두근
상완이두근
상완근
원회내근
완요골근
요측수근굴근
장장근

소흉근
대흉근
전거근
늑간근

1단계

뒤로 손 짚고 몸 비틀기

무릎을 한쪽 옆으로 모으고 앉은 자세에서 뒤로 손을 짚고 어깨를 비틀면서 어깨가 늘어나도록 한다. 반대쪽으로 반복한다.

어깨 뒤 누르기

무릎을 세우고 앞으로 엎드린 자세에서 한 손을 구부려 앞으로 짚고 한 손은 가슴 앞 반대 방향 바닥에 대고 어깨를 눌러준다. 반대쪽으로 반복한다.

어깨 앞 누르기

무릎 꿇고 엎드린 자세에서 한 어깨를 바닥에 대고 반대쪽을 보면서 누른다. 반대쪽으로 반복한다.

뒤로 손 짚고
몸 비틀기

어깨 뒤 누르기

어깨 앞 누르기

팔꿈치 옆으로 당기기

한쪽 어깨를 뒤로 들고 반대쪽 손으로 팔꿈치를 잡고 머리 뒤로 당겨준다. 반대쪽으로 반복한다.

어깨 돌리기

양 어깨에 두 손을 가볍게 대고 어깨를 크게 돌린다. 앞으로 왔을 때 팔꿈치끼리 마주 닿도록 한다.

팔 뒤로 밀기

양팔을 어깨 높이에서 가볍게 주먹을 쥐고 든 상태에서 어깨를 뒤로 힘 있게 젖혀주기를 반복한다.

팔 돌리기

양팔을 앞에서 뒤로 다시 뒤에서 앞으로 크게 돌려준다.

팔꿈치 옆으로 당기기

어깨 돌리기

팔 뒤로 밀기

팔 돌리기

뒤로 깍지 껴 움직이기

편안한 자세로 앉아서 뒤로 깍지를 껴서 위, 아래 양 옆으로 팔 전체를 움직인다.

앞 아래 팔 근육 늘리기

편안하게 앉은 자세에서 약지와 새끼손가락을 걸고 손바닥을 바닥에 대고 고개를 들어 위를 본다.

손등 늘리기

편안하게 앉은 상태에서 손등을 바닥에 대고 가운뎃 손가락끼리 마주 댄 상태로 체중을 손목에 실리도록 하면서 눌러준다.

손목 꺾기

한 팔을 쭉 펴서 손목을 가슴 앞으로 잡아당긴다. 손 목은 위아래로 부드럽게 꺾어준다. 반대쪽으로 반복 한다.

뒤로 깍지 껴 움직이기

앞 아래 팔 근육 늘리기

손목 꺾기

손등 늘리기

어깨 관절 풀기

편안하게 앉은 자세에서 위로 두 팔을 깍지 껴서 들고 좌우로 어깨를 움직여준다.

팔꿈치 뒤 위로 밀기

편안하게 앉은 자세에서 한쪽 팔꿈치를 뒤로 구부리고 반대쪽 손으로 팔꿈치를 잡아 뒤로 밀어준다. 반대쪽으로 반복한다.

어깨 앞뒤로 움직이기

두 팔로 어깨를 잡고 가슴 앞에서 꼭 안듯이 구부렸다가 뒤로 한껏 젖혀준다.

팔꿈치 안으로 잡아당기기

머리 위에서 양 팔꿈치를 손으로 잡고 서로의 반대 방향으로 잡아당겨준다.

어깨 관절 풀기

팔꿈치 뒤 위로 밀기

어깨 앞뒤로 움직이기

팔꿈치 안으로 잡아당기기

어깨 비틀기

두 손으로 벽을 잡고 상체를 직각으로 숙인 뒤 한쪽으로 몸을 돌려 한쪽 어깨를 늘려준다. 반대쪽으로 반복한다.

벽 잡고 한쪽 어깨 늘리기

한 손으로 벽을 잡고 다른 한 손은 어깨 위에 얹고 상체를 직각으로 구부린 상태로 어깨를 눌러준다. 반대쪽으로 반복한다.

2단계

뒤로 손 짚고 엉덩이 들기

뒤로 손을 짚고 앉은 상태에서 엉덩이를 들고 목을 젖혀 뒤를 보면서 무릎을 직각으로 세운다.

팔 뒤로 넘기기

무릎 꿇고 앉은 자세에서 뒤로 팔을 깍지 껴서 몸을 앞으로 깊숙이 숙이면서 뒤로 손을 들어올린다.

어깨 비틀기

벽 잡고 한쪽
어깨 늘리기

뒤로 손 짚고
엉덩이 들기

팔 뒤로 넘기기

앞 어깨 늘리기

무릎을 한쪽으로 구부려 앉은 자세에서 두 팔을 가슴 높이로 들어 마주 잡고 다리를 접은 반대쪽 뒤로 어깨를 밀어준다. 반대쪽으로 반복한다.

어깨 펴서 돌리기

두 팔을 양옆으로 쭉 펴고 손목을 위로 꺾은 상태에서 어깨를 앞에서 뒤로 뒤에서 앞으로 돌려준다

어깨 누르기

손바닥과 발바닥을 바닥에 대고 엉덩이는 위로 든 상태에서 어깨를 눌러준다.

무릎 대고 어깨 누르기

무릎을 세워 바닥에 대고 어깨를 앞으로 멀리 뻗으면서 겨드랑이가 바닥에 닿도록 눌러준다.

앞 어깨 늘리기

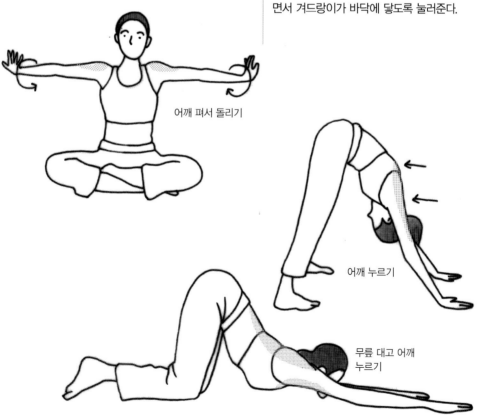

어깨 펴서 돌리기

어깨 누르기

무릎 대고 어깨 누르기

83

어깨뒤집기

양팔을 가슴 높이에서 양옆으로 들고 한 쪽 어깨씩 안으로 말아 뒤집고 다시 밖으로 말아 뒤집어준다. 반대쪽으로 반복한다.

뒷 목 늘리기

서서 두 손을 깍지 껴 머리 뒤쪽을 잡고 상체를 앞으로 깊이 구부리면서 목을 늘려준다.

등 들어올리기

등을 대고 누운 자세에서 그대로 상체 가슴 부위만 위로 들어올렸다가 툭 내린다. 이때 바닥에 정수리가 닿도록 가슴을 동그랗게 올려준다.

3단계

몸통 돌려 어깨 누르기

엎드려서 한 다리를 뒤로 접어 손으로 잡고 반대쪽 팔은 가슴 옆으로 바닥에 편다. 다리 잡은 쪽을 들면서 몸을 돌려 천장을 보면서 반대쪽 어깨가 눌려지면서 스트레칭 되도록 한다.

어깨뒤집기

뒷 목 늘리기

몸통 돌려 어깨 누르기

등 들어올리기

84

소머리 자세 만들기

편하게 가부좌를 하고 앉은 자세에서 한 손은 위로 뒤로 넘기고 다른 손은 아래 등 뒤로 하여 등 뒤에서 두 손을 마주 잡도록 한다. 반대쪽으로 반복한다.

팔 비틀어 올렸다 내리기

양손을 몸 앞에 꼬아서 깍지 낀 다음 돌려서 비튼 자세로 그대로 위로 올렸다 내린다. 반대쪽으로 반복한다.

무릎 세우고 어깨 뒤로 젖히기

한 다리는 앞에서 직각으로 구부리고 뒷다리는 편 상태에서 깍지를 끼고 어깨를 뒤로 젖혀준다. 반대쪽으로 반복한다. 몸의 균형을 잡을 수 있을 때 실시한다.

소머리 자세 만들기

팔 비틀어 올렸다 내리기

무릎 세우고 어깨 뒤로 젖히기

허리, 복부 슬리밍 스트레칭

복부에 지방이 쌓이는 원인은 소비되는 칼로리의 양보다 섭취한 칼로리의 양이 많기 때문이다. 남은 칼로리는 몸에 축적이 되는데 특히 에너지가 부족할 때 보조수단으로 쓰여질 지방은 주로 복부에 많이 쌓이게 된다.

날씬한 배는 단순히 복부만 집중적으로 운동한다고 해서 만들어지는 것은 아니다. 먼저 배 주위에 축적된 지방을 태워야 하는데 지방을 태우기 위해서는 복근을 단련하는 운동만으로는 그 효과를 보기 어렵다.

지방을 태우기 위한 전신운동 즉, 유산소운동으로 배 주위에 쌓인 지방을 에너지로 소비하는 작업을 반드시 해야 한다. 또한 뱃살을 뺀다고 해서 복부의 근육만을 움직이는 운동을 하는 것이 아니라 옆구리 운동과 등 운동도 함께 해주어야 균형 있는 몸을 만들 수 있다.

복부 슬리밍을 위한 스트레칭은 골반 주위의 관절을 유연하게 하는 스트레칭부터 근육을 단련시키면서 복직근을 유연하게 만들어 주는 스트레칭, 그리고 허리 주변의 선을 아름답게 만들어줄 수 있는 스트레칭을 중점적으로 해야 한다.

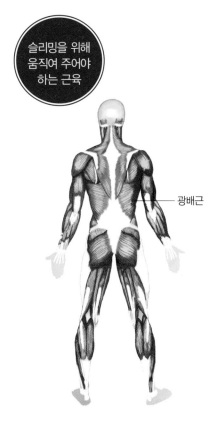

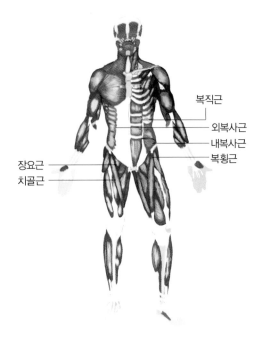

슬리밍을 위해 움직여 주어야 하는 근육

광배근

복직근
외복사근
내복사근
복횡근
장요근
치골근

1단계

허리 돌리기

양발을 어깨 너비로 벌리고 서서 양손을 허리 위에 얹고 허리를 오른쪽에서 왼쪽으로 다시 왼쪽에서 오른쪽으로 천천히 돌려준다. 이 동작을 좌우 두 번 씩 반복한다. 허리 전체의 준비운동과 유연성을 증가시켜 준다.

서서 허리 젖히기

양발을 어깨 너비로 벌리고 서서 가슴 앞에서 양손을 깍지껴서 위로 올리고 숨을 들이마시면서 배를 앞으로 내밀고 상체를 뒤로 젖힌다. 숨을 내뱉으면서 일어선다. 내뱉으면서 제자리로 돌아온다

옆 허리 늘리기

양발을 어깨 너비로 벌리고 서서 오른팔을 위로, 왼팔은 그대로 아래로 내리고 상체를 왼쪽으로 구부려서 왼쪽 허리가 늘어나게 한다. 내, 외 복사근의 유연성을 증가시켜 준다. 반대쪽으로 반복한다.

허리 돌리기

서서 허리
젖히기

옆 허리
늘리기

앞으로 구부렸다가 펴기

양발을 어깨 너비로 벌리고 서고 양손은 머리 뒤에서 깍지 낀 상태에서 숨을 들이마시면서 등을 위로 밀면서 앞으로 깊숙이 구부린다. 복직근과 척추 기립근의 유연성을 증가시켜준다.

옆구리 늘리기

무릎을 대고 엎드린 자세로 상체를 앞으로 구부려 잉팔을 바닥에 짚는다. 오른쪽으로 손을 옮기면서 등쪽 옆구리가 늘어나도록 한다. 반대쪽으로 반복한다.

옆으로 앉아 손 밀기

무릎을 한쪽으로 모아 구부려 옆으로 앉은 후 구부린 쪽으로 팔을 쭉 밀어준다. 반대쪽으로 반복한다.

한 다리 옆으로 넘기기

앉아서 뒤로 손을 짚고 한 다리를 들어서 반대쪽 바닥으로 넘겨서 내린다. 반대쪽으로 반복한다.

앞으로
구부렸다가 펴기

옆구리늘리기

옆으로 앉아
손 밀기

한 다리 옆으로
넘기기

상체 내려 힘 빼기

무릎을 가볍게 구부리고 선 자세에서 상체에 힘을 빼고 앞으로 구부려 허리 아랫부분이 늘어나게 한다.

뒤로 손 잡아당기기

선 자세에서 뒤로 한쪽 팔을 돌려 손을 반대쪽 허리에 대고 다른 한 손으로 마주 잡은 상태에서 몸통을 돌리면서 손을 잡아당긴다. 반대쪽으로 반복한다.

엎드려 상체 들어올리기

엎드려서 팔을 가슴 양옆으로 펴고 상체를 들어올린다. 이때 하체는 바닥에서 떨어지지 않도록 한다.

엎드려 하체 들어올리기

엎드린 자세에서 하체만 들어올려 발뒤꿈치끼리 맞붙였다가 떨어뜨린다.

상체 내려 힘 빼기

뒤로 손
잡아당기기

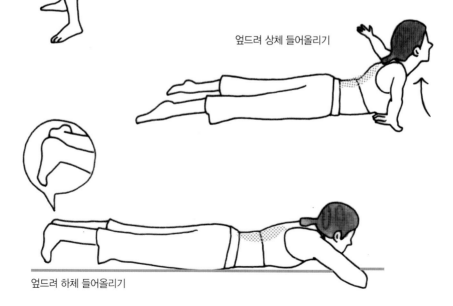

엎드려 상체 들어올리기

엎드려 하체 들어올리기

2단계

광배근 늘리기

양발을 어깨 너비로 벌리고 서서 오른손은 위로, 왼손은 아래로 내리면서 무릎을 살짝 구부림과 동시에 등을 사선 앞으로 구부린다. 등 뒤 광배근의 유연성을 증가시켜 준다. 반대쪽으로 반복한다.

등허리 늘리기

어깨 너비로 서서 무릎을 살짝 구부린다. 숨을 들이마시면서 양손을 앞으로 쭉 뻗으면서 배에 힘을 주어 안으로 들이밀고 허리를 구부려 등허리가 늘어나게 한다. 숨을 내쉬면서 처음 자세로 일어섰다가 다시 반복한다.

고양이 등

무릎과 손을 바닥에 짚고 엎드린 자세로 배를 안으로 들이밀고 고개를 숙이면서 등을 한껏 밀어올린다. 이때 숨을 내쉰다. 숨을 들이마셨다가 다시 내뱉으면서 등을 아래로 누르듯이 한다.

무릎 끓고 옆구리 늘리기

한쪽 무릎은 끓고 다른 쪽 다리는 옆으로 곧게 편다. 끓은 무릎 쪽 팔은 바닥을 짚고, 오른 팔은 위로 올리면서 상체를 구부린다. 반대쪽으로 반복한다.

광배근 늘리기

등허리 늘리기

고양이 등

무릎 끓고 옆구리 늘리기

엎드려서 상체 들기

엎드린 자세에서 양팔을 어깨 너비로 벌려 앞으로 쭉 펴고 가슴 앞에서 짚고 상체를 천천히 들어올린다. 복직근이 충분히 늘어날 수 있도록 하면서 코로 숨을 들이마신다. 입으로 숨을 내쉬면서 천천히 처음 자세로 돌아온다.

다리 펴고 앉아 상체 구부리기

두 다리를 곧게 펴고 등을 곧곧이 세워 앉은 자세에서 양손을 머리 뒤에 얹는다. 그대로 왼쪽으로 상체를 구부렸다 돌아온다. 반대쪽으로 반복한다.

다리 꼬아 엉덩이 돌리기

무릎을 세우고 팔을 어깨 양옆으로 펴서 누운 자세에서 한 다리를 다른 다리 위로 얹는다. 천천히 왼쪽으로 무릎을 돌려 무릎이 바닥에 닿게 하고 얼굴은 반대쪽을 바라본다. 숨을 내쉬면서 바닥에 내렸다가 다시 들이마시면서 위로 돌아온다. 반대쪽으로 반복한다.

팔 앞으로 들고 등 펴기

다리를 벌리고 서서 양손을 위로 든다. 숨을 내뱉으면서 팔을 그대로 유지한 채 상체를 앞으로 천천히 구부린다. 뒷다리는 펴서 몸이 직각이 되도록 내려준다. 이때 등 뒤를 평평하게 하며 등을 눌러주듯이 한다.

엎드려서 상체 들기

다리 펴고 앉아 상체 구부리기

다리 꼬아 엉덩이 돌리기

팔 앞으로 들고 등 펴기

등 뒤로 비틀기

어깨넓이보다 약간 더 넓게 발을 벌리고 바닥에 엎드린 자세에서 한 팔은 위로 다른 한 팔은 가슴 옆으로 두고 골반과 팔을 몸 뒤로 돌린다. 반대쪽으로 반복한다.

누워서 상체 돌리기

다리를 넓게 벌리고 누운 상태에서 앞으로 상체를 들어 반대쪽 바닥으로 몸을 돌린다.

엎드려 팔다리 동시 들기

앞드린 자세에서 팔과 다리를 동시에 들어올린다.

등 뒤로 비틀기

누워서 상체 돌리기(앞)

누워서 상체 돌리기(뒤)

엎드려 팔다리 동시 들기

92

몸 돌려 바닥 짚기

두 다리를 곧게 펴고 상체를 세우고 앉은 자세에서 두 손을 한쪽으로 돌려 바닥을 짚는다. 반대쪽으로 반복한다.

상체 뒤로 기울이기

한 다리는 옆으로 무릎을 바닥에 대고 다른 한 다리는 옆으로 쭉 펴서 발을 바닥에 댄다. 이 자세에서 배부위가 늘어나도록 한쪽 팔을 위 뒤로 쭉 펴준다. 반대쪽으로 반복한다.

다리벌려 상체 구부리기

두 다리를 벌리고 앉은 상태에서 상체를 오른쪽 다리 쪽으로 구부려준다. 반대쪽으로 반복한다.

누워서 상체 구부리기

다리를 바깥쪽으로 발이 가도록 구부린 상태로 누워서 같은 쪽 발을 잡고 상체를 옆으로 구부린다. 반대쪽으로 반복한다.

몸 돌려
바닥 짚기

상체 뒤로 기울이기

다리벌려 상체 구부리기

누워서 상체 구부리기

3단계

무릎 꿇고 상체 젖히기

무릎을 꿇고 상체를 세운 자세에서 뒤로 발목을 잡고 상체를 뒤로 젖힌다. 숨을 들이마셨다 내쉬면서 상체를 뒤로 젖히고 다시 숨을 들이마시면서 처음으로 돌아온다.

복사근 늘리기

양발을 어깨 너비로 벌리고 서서 왼쪽 팔은 위로 오른쪽 팔은 아래로 하고 상체를 왼쪽 사선 방향의 뒤로 젖힌다. 팔을 바꾸어 반대 방향으로 실시한다.

다리 넘기기

누운 자세에서 양발을 위로 쭉 뻗고 양손으로 발목을 잡고 가슴 방향으로 다리를 잡아당긴다. 이때 등을 가능한 한 바닥에 붙이도록 하여 허리 아랫부분 근육이 충분히 늘어나도록 한다.

누워서 허리 들기

누운 자세에서 양발을 어깨 너비로 벌려 딛고 무릎을 세우고 양손으로 발목을 잡고 허리를 한껏 위로 밀어올린다.

무릎 꿇고 상체 젖히기

복사근 늘리기

누워서 허리 들기

다리 넘기기

활자세

엎드린 자세에서 두 발을 뒤로 잡고 몸이 활처럼 휘게 한다. 다섯까지 센 뒤 몸을 내리고 발을 잡은 그대로 옆으로 몸을 돌려준다. 복직근의 유연성을 증가시키고 척추기립근을 강화시킨다. 반대 쪽으로 반복한다.

앉아서 반대편으로 몸 돌리기

무릎을 한 쪽으로 모으고 앉아 모은 무릎의 반대 방향으로 몸통을 돌려 뒤를 본다. 이때 무릎이 움직이지 않도록 팔로 지지해준다. 반대쪽으로 반복한다.

엉덩이와 팔 들기

양다리를 옆으로 벌리고 앉아서 오른손을 머리 위로 들고 왼손은 뒤로 짚고 엉덩이를 앞으로 밀듯이 하면서 위로 든다. 반대 팔로 반복한다.

활자세

앉아서 반대편으로
몸 돌리기

엉덩이와 팔 들기

골반, 엉덩이 슬리밍 스트레칭

골반 및 엉덩이 부위의 스트레칭을 통하여 골반 앞 부위와 넓적 다리 안쪽의 유연성을 길러주는 운동은 특히 여성들에게 필요한 운동이다. 골반 주변과 골반 및 관절을 유연하게 하고 근육을 늘려주는 것은 골반 근육을 강화시켜 주고 또한 질 근육을 강화시켜 주는 데에도 도움을 준다. 또한 임신한 여성인 경우 분만을 쉽게 할 수 있도록 도와준다. 엉덩이 부위의 스트레칭은 엉덩이 근육의 모양을 아름답게 다듬어 주며, 엉덩이 부위에 탄력을 준다. 또한 엉덩이에

이어 내려가는 대퇴의 선을 아름답게 가꾸어주는 효과가 있다.

골반 스트레칭을 할 때, 특히 양쪽으로 벌리거나 한쪽을 펴서 하는 운동을 하는 경우 양쪽이 같은 각도로 벌어지는지 신경을 쓰면서 해야 한다. 또한 잘 안 늘어나는 쪽을 기준으로 하여 잘 늘어나는 쪽에 맞추어 안 늘어나는 쪽이 균형을 잡아갈 수 있도록 해주어야 한다. 잘 늘어나는 쪽만을 기준으로 스트레칭을 하다 보면 몸 전체가 불균형하게 되어 오히려 균형이 더 깨지는 나쁜 결과를 가져올 수 있다. 따라서 골반을 벌리고 스트레칭을 하는 경우 항상 양쪽이 같은 각도, 같은 높이를 유지하면서 동작이 이루어지도록 해야 한다.

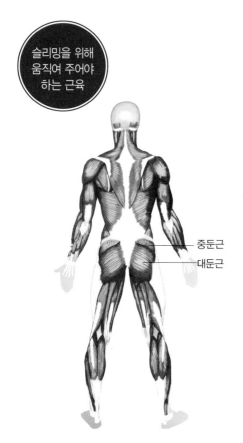

슬리밍을 위해 움직여 주어야 하는 근육

중둔근
대둔근

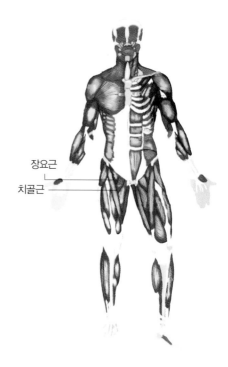

장요근
치골근

96

1단계

골반돌리기

한 다리는 구부려 앞으로 접고 다른 한 다리는 옆으로 편다. 대퇴 위를 손으로 누르면서 다리 전체를 앞뒤로 돌려 골반을 움직여준다. 반대쪽 다리를 반복한다.

두 다리 옆으로 넘기기

누운 자세에서 두 다리를 위로 곧게 들어올려 한 쪽으로 넘기고 고개는 반대쪽을 본다. 반대쪽을 반복한다.

한 다리 잡아당기기

누워서 한 다리를 잡아당겨 가슴 앞으로 안으면서 머리를 무릎에 댄다. 반대쪽 다리를 반복한다.

골반돌리기

두 다리 옆으로
넘기기.

한 다리
잡아당기기

무릎 구부려 골반 돌리기

누운 자세에서 두 무릎을 구부리고 팔은 양옆으로 바닥에 편 상태에서 무릎을 오른쪽 왼쪽으로 돌려준다. 반대쪽으로 반복한다.

골반 관절운동

두 발을 마주 대고 앉은 자세에서 발목을 두 손으로 잡고 오른쪽 왼쪽으로 엉덩이를 들어 좌우로 왔다갔다 하면서 골반관절을 부드럽게 해준다.

무릎 벌려 당기기

누워서 무릎을 바깥쪽으로 구부려 두 발을 마주 대고 손으로 잡아 몸 쪽으로 당겨준다.

골반 움직이기

무릎을 세워서 바닥에 앉은 자세로 허리에 손을 얹고 골반을 좌우로 움직여준다.

골반 조이기

뒤로 손을 짚고 다리를 펴고 앉은 상태에서 엉덩이를 한쪽으로 틀면서 골반을 조여준다. 반대쪽으로 반복한다.

무릎 구부려 골반 돌리기

골반 관절운동

무릎 벌려 당기기

골반 조이기

골반 움직이기

98

다리 펴서 골반 돌리기

뒤로 손을 짚고 다리를 펴고 앉은 상태에서 한 다리씩 발목을 꺾은 상태에서 위로 들어올렸다가 골반을 옆으로 돌리면서 옆으로 내리기를 반복한다.

골반 옆으로 밀기

무릎을 세워 엎드린 자세에서 골반을 한쪽 옆으로 밀어준다. 반대쪽으로 반복한다.

무릎 가슴 앞으로 당기기

두 발을 펴고 누운 자세에서 한쪽 무릎을 밖으로 구부려 준다. 구부린 다리를 두 손으로 잡고 가슴 앞으로 끌어당긴다. 반대 다리를 반복한다.

골반 바닥 치기

무릎을 세우고 누운 자세에서 골반을 위로 살짝 들어올렸다가 힘을 빼면서 바닥에 내려놓기를 반복한다.

다리 펴서 골반 돌리기

골반 옆으로 밀기

무릎 가슴 앞으로 당기기

골반 바닥 치기

99

다리 벌렸다 세우기

무릎을 세우고 누운 자세에서 바깥쪽으로 다리를 벌렸다가 위로 모아주기를 반복한다.

엉덩이 뒤로 빼기

선 자세에서 손을 허리에 얹고 한쪽 무릎을 가볍게 구부리면서 구부린 쪽 엉덩이를 뒤로 밀면서 빼준다. 반대쪽으로 반복한다.

2단계

다리 세우고 앞으로 밀기

양다리를 옆으로 벌려 세우고 골반을 앞뒤로 밀면서 내전근이 늘어나도록 한다.

골반 밀어올리기

누운 자세에서 골반만 위로 밀어올려준다.

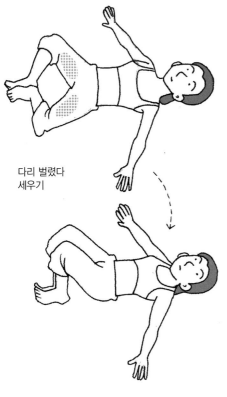

다리 벌렸다
세우기

엉덩이 뒤로
빼기

골반 밀어올리기

다리 세우고
앞으로 밀기

엉덩이 들어 골반 늘리기

두 다리를 옆으로 구부려 앉은 자세에서 반대쪽 손으로 바닥을 짚고 구부린 쪽 팔을 위로 들면서 골반을 밀어 올린다. 반대쪽으로 반복한다.

몸 비틀기 1

한 다리는 펴고 다른 한 다리는 구부려 위로 세우고 앉은 자세에서 세운 다리 쪽 팔을 다리 앞으로 펴서 발목을 잡고 몸을 틀어 뒤를 본다. 반대쪽으로 반복한다.

몸 비틀기 2

한 다리는 아래에 구부리고 다른 한 다리는 구부려 위로 세우고 앉은 자세에서 세운 다리 쪽 팔을 다 리 앞으로 펴서 발목을 잡고 몸을 틀어 뒤를 본다. 반대쪽으로 반복한다.

엉덩이 근육 늘리기

두 다리를 구부려 한 다리는 아래, 한 다리는 위로 놓고 앉은 자세에서 두 손으로 발을 걸고 절하듯이 몸을 앞으로 숙여준다. 다리를 바꾸어서 반복한다.

엉덩이 들어
골반 늘리기

몸 비틀기 1

몸 비틀기 2

엉덩이 근육 늘리기

골반 돌려주기

누워서 한 골반을 구부려 가슴 앞으로 당겨 안은 자세로 앞, 옆으로 돌린 후 내려준다. 반대 다리를 반복한다.

뒤로 발 잡아당기기

한 다리는 몸 앞에서 직각으로 구부리고 한 다리는 뒤쪽으로 펴서 앉은 상태에서 편 다리를 잡아 몸 쪽으로 당겨준다. 이때 한 쪽 손은 직각으로 구부려 다리 안쪽으로 오게 한 뒤 발목을 잡아준다. 반대쪽을 반복한다.

골반 앞 늘리기

한 다리는 펴고 한 다리는 구부려 앉은 상태에서 구부려 앉은 쪽 무릎을 세우고 골반을 앞으로 밀면서 상체를 뒤로 젖혀준다. 반대쪽으로 반복한다.

골반 돌려주기

뒤로 발 잡아당기기

골반 앞 늘리기

102

다리 차올리기

누운 자세에서 양손을 머리 뒤에 깍지 껴서 놓고 발을 꺾어 위로 들어올리면서 머리도 들어 앞으로 숙인다. 한쪽 다리를 열번 반복하고 반대쪽 다리로 반복한다.

다리 차올리기

앞 골반 누르기

한 다리는 옆으로 구부리고 다른 다리는 펴서 앞으로 상체를 들고 두 손을 짚은 자세로 한 다리를 옆으로 직각으로 구부린다. 골반이 뜨지 않도록 주의한다. 반대쪽 다리를 반복한다.

앞 골반 누르기

옆으로 앉아 상체 숙이기

옆으로 두 다리를 구부리고 엉덩이가 바닥에 닿게 앉아 다리를 구부린 쪽으로 상체를 숙여준다. 반대쪽으로 반복한다.

옆으로 앉아 상체 숙이기

옆으로 앉아 앞으로 구부리기

두 다리를 옆으로 구부려 앉은 자세에서 팔을 쭉 뻗으면서 상체를 앞으로 깊숙이 구부린다. 반대다리를 반복한다.

누워서 안으로 무릎 대기

두 무릎을 세우고 누운 자세에서 한 다리는 세우고 바른 한 다리를 안쪽으로 구부려 무릎이 바닥에 닿도록 한다. 엉덩이가 뜨지 않도록 한다. 세운 다리는 세운 자세를 유지하면서 옆으로 벌어지지 않도록 한다. 반대 다리를 반복한다.

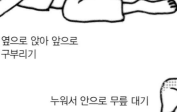

옆으로 앉아 앞으로 구부리기

누워서 안으로 무릎 대기

다리 안아 앞뒤로 움직이기

양반다리 자세로 앉은 상태에서 한 발을 두 손으로 받쳐 가슴 높이 정도로 들고 양 옆으로 골반이 움직이도록 다리를 움직여 준다. 반대 다리를 반복한다.

옆으로 다리 들었다 내리기

옆으로 팔을 괴고 다리를 펴고 누운 자세에서 윗다리 발목을 꺾은 상태로 몸 앞에서 위로 들어올렸다 내린다. 반대쪽을 반복한다.

다리 안아 앞뒤로
움직이기

3단계

무릎 모으기

다리를 벌리고 무릎을 세우고 누워서 엉덩이를 위로 밀어올려 골반을 조이면서 무릎을 붙였다가 다시 벌리면서 엉덩이를 내린다.

옆으로 다리
들었다 내리기

무릎 모으기

한 다리 안아 올리기

양반다리 자세로 앉은 상태에서 한 발을 두 손으로 받쳐 들고 이마 위치까지 올려준다. 반대 다리를 반복한다.

골반 움직이기

무릎을 양옆으로 구부려 직각이 되도록 한 상태에서 팔꿈치를 대퇴 위에 가볍게 얹고 골반을 양옆으로 움직여 준다.

누워서 몸통 돌리기

무릎을 구부려 뒤로 누운 자세로 두 팔을 위로 올려 깍지를 낀 상태에서 몸을 한쪽 방향으로 돌려 틀어준다. 다시 반대쪽으로 반복한다.

다리 벌려 상체 돌리기

누운 자세에서 양옆으로 다리를 넓게 벌리고 가슴 앞에 양팔을 모아 껴안은 자세에서 상체를 바닥 쪽으로 돌린다. 반대쪽으로 반복한다.

한 다리 안아
올리기

골반 움직이기

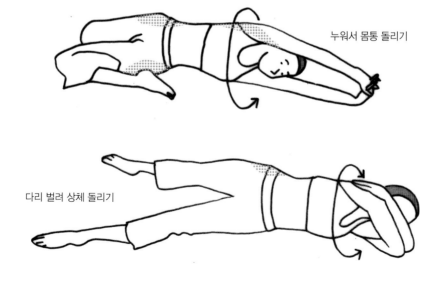

누워서 몸통 돌리기

다리 벌려 상체 돌리기

다리 슬리밍 스트레칭

다리 슬리밍 스트레칭은 다리의 근육을 아름답게 만들어주고 다리의 피로를 풀어주는 데 효과적이다.

다리 스트레칭은 비단 미용을 생각하는 여성뿐 아니라 성장기 어린이들에게도 꼭 필요한 운동이다. 다리를 곧고 길게 만들어주기 때문이다. 또 중년 이후가 되면 무릎이 완전히 펴지지 않고 구부러져 서서도 엉거주춤한 자세가 되기 쉬우며, 이로 인해 키도 줄어들고 자세도 변화되기 쉽다. 따라서 언제나 다리를 곧게 펴주고 다리 앞과 뒤의 유연성을 충분히 기르도록 해주는 스트레칭은 다리를 아름답게 유지하고 휘지 않도록 하는 데 도움을 준다.

다리 스트레칭을 할 때에는 반드시 두 다리의 벌어지는 각도와 높이 등이 정확히 같도록 하는 것이 중요하며 대퇴 앞과 뒤 그리고 허벅지 안쪽의 근육들이 골고루 늘어나도록 해야 한다. 다리를 늘릴 때에는 어느 근육이 늘어나는지를 잘 느끼면서 해야 더욱 효과적이다.

다른 스트레칭과 마찬가지로 모든 동작은 좌우대칭을 이루도록 해주고 코로 숨을 들이마시고 입으로 뱉으면서 자연스럽게 호흡을 해 주도록 한다.

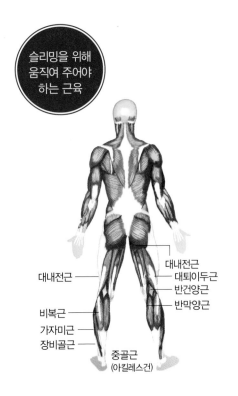

슬리밍을 위해 움직여 주어야 하는 근육

대내전근
대내전근
대퇴이두근
반건양근
반막양근
비복근
가자미근
장비골근
중골근
(아킬레스건)

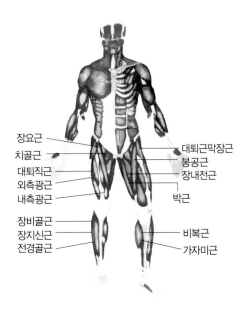

장요근
치골근
대퇴직근
외측광근
내측광근
장비골근
장지신근
전경골근
대퇴근막장근
봉공근
장내전근
박근
비복근
가자미근

106

발가락 벌리기

발 두드리기

1단계

발가락 벌리기
발가락을 양옆으로 앞뒤로 잡아 늘리듯이 하면서 벌려준다.

발 두드리기
한 다리를 펴고 다른 다리는 구부려 발을 대퇴 위에 얹은 상태로 발바닥을 주먹으로 두드린다. 반대 발을 반복한다.

발등 누르기
무릎을 꿇고 양발을 깔고 앉은 자세에서 양손으로 바닥을 짚고 무릎을 위로 살짝 올려주면서 발등이 펴져서 눌리도록 한다.

앞꿈치 올리기
무릎을 앞으로 구부려 뒤로 손을 짚고 앉은 자세에서 뒤꿈치를 올려 발등이 일직선이 되도록 위로 힘주어 꺾어 올려준다.

발목 꺾기
편안하게 발을 쭉 펴고 앉은 자세에서 한 발목은 위로 다른 발목을 펴서 아래로 향하게 한다.

발등 누르기

앞꿈치 올리기

발목 꺾기

발목 돌리기

발뒤꿈치가 마주 닿도록 다리를 펴고 앉아서 양 발을 안쪽에서 바깥쪽으로 다시 바깥쪽에서 안쪽으로 돌려준다.

발 잡아당기기

한 무릎을 세우고 앉은 자세에서 엄지발가락 쪽 발끝을 두 손으로 잡고 위로 힘주어 당겨준다. 반대쪽을 반복한다.

한 다리 접고 앞으로 구부리기

한 다리는 펴고 한 다리는 접어서 옆에 두고 상체를 앞으로 깊숙이 구부린다. 반대쪽을 반복한다.

한 다리 펴서 바닥에 대기

한 다리는 옆으로 구부리고 다른 다리는 옆으로 펴고 앉은 자세에서 편 다리 쪽 엉덩이가 바닥에 닿을 수 있도록 쪼그려 앉는다. 반대쪽을 반복한다.

발목 돌리기

발 잡아당기기

한 다리 펴서 바닥에 대기

한 다리 접고 앞으로 구부리기

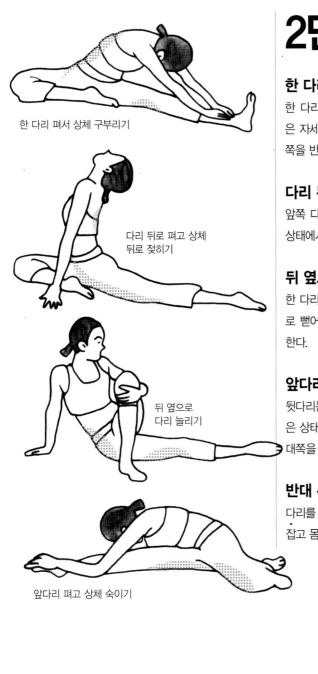

한 다리 펴서 상체 구부리기

다리 뒤로 펴고 상체
뒤로 젖히기

뒤 옆으로
다리 늘리기

앞다리 펴고 상체 숙이기

2단계

한 다리 펴서 상체 구부리기

한 다리는 펴고 다른 다리는 접고 앞으로 보고 앉은 자세에서 편 다리 쪽으로 상체를 구부린다. 반대쪽을 반복한다.

다리 뒤로 펴고 상체 뒤로 젖히기

앞쪽 다리는 구부리고 뒤쪽 다리는 뒤로 펴고 앉은 상태에서 상체를 뒤로 젖혀준다. 반대쪽을 반복한다.

뒤 옆으로 다리 늘리기

한 다리는 앞으로 세우고 반대 다리를 세운 다리 뒤로 뻗어 다리 옆이 늘어나도록 한다. 반대쪽을 반복한다.

앞다리 펴고 상체 숙이기

뒷다리는 뒤로 구부리고 앞다리는 앞으로 펴고 앉은 상태에서 상체를 앞으로 편 다리 위로 굽힌다. 반대쪽을 반복한다.

반대 손으로 다리 들어 당기기

다리를 펴고 앉은 상태에서 한 다리를 반대 손으로 잡고 몸 쪽으로 잡아당긴다. 반대쪽을 반복한다.

반대 손으로 다리 들어 당기기

누워서 무릎 누르기

누운 상태에서 한 다리는 위로 펴고 한 다리는 구 부려 편 다리 위에 올린다. 한 손으로 편 다리 쪽 발을 잡고 다른 손으로는 무릎을 짚은 상태에서 발 은 당기고 무릎은 눌러준다. 반대쪽을 반복한다.

대퇴 앞 늘리기

한 다리는 펴고 다른 한 다리는 구부려 뒤로 접고 상체를 뒤로 기울인다. 반대쪽을 반복한다.

한쪽 내전근 늘리기

한쪽 다리는 구부려 세우고 다른 쪽 다리는 편 상태로 앉아 편 다리 쪽으로 상체를 구부린다. 반대쪽을 반복한다.

앞으로 손 짚고 다리 벌리기

앞으로 손을 짚고 두 다리를 양옆으로 벌려 내려갈 수 있는 만큼만 내려가도록 한다.

누워서 무릎 누르기

대퇴 앞 늘리기

한쪽 내전근 늘리기

앞으로 손 짚고 다리 벌리기

뒤로 다리 접기

양 무릎이 모아지게 다리를 바깥쪽으로 접어 누운 상태에서 팔꿈치로 상체를 받치고 가슴을 들어준다. 이때 정수리가 바닥에 닿게 한다.

누워서 다리 구부리기

두 다리를 펴고 누운 자세에서 한 다리의 발을 한 손으로 받치고 한 손으로는 다리를 잡아 가슴 앞으로 충분하게 잡아당긴다. 반대쪽을 반복한다.

누워서 다리 펴기

누워서 다리 구부리는 동작을 취한 다음 그대로 무릎을 쭉 편다. 반대쪽을 반복한다.

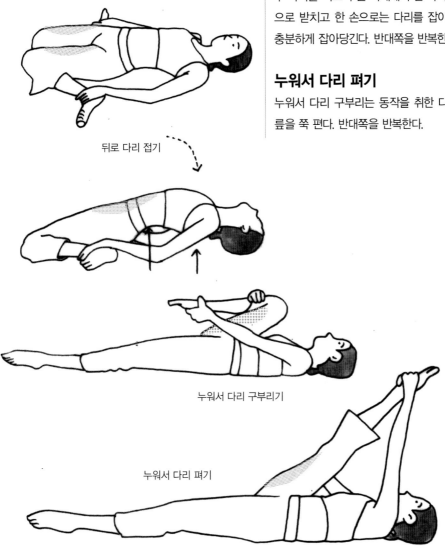

뒤로 다리 접기

누워서 다리 구부리기

누워서 다리 펴기

3단계

옆으로 발목 당겨 올리기

선 자세에서 한 다리는 몸 앞에서 무릎을 구부려 세우고 다른 다리는 뒤에 서 무릎을 구부려 바닥에 대고 발을 들어올려 같은 쪽 손으로 잡아당긴다. 반대쪽도 반복한다.

무릎 구부리고 엎드리기

무릎을 바닥에 대고 구부린 상태에서 상체를 앞으로 하여 가슴이 바닥에 닿도록 한다.

앞뒤로 다리 벌리기

앞뒤로 다리를 벌려 앉은 상태에서 손으로 바닥을 지탱해 주면서 할 수 있는 데 까지 늘려주도록 한다. 반대쪽을 반복한다.

다리 벌려 상체 업드리기

앞으로 보고 앉은 자세에서 양옆으로 다리를 벌리고 상체를 앞으로 구부린다.

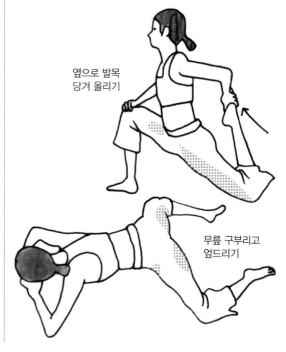

옆으로 발목 당겨 올리기

무릎 구부리고 엎드리기

앞뒤로 다리 벌리기

다리 벌려 상체 업드리기

한 다리 세우고 상체 구부리기

한 다리는 구부리고 다른 다리는 앞으로 편 상태에서 상체를 편 다리 쪽으로 깊숙이 구부려준다. 반대쪽을 반복한다.

뒤로 다리 잡아당기기

선 자세에서 한 다리를 뒤로 접어 손으로 잡고 상체를 앞으로 기울이면서 균형을 잡아준다. 뒤로 다리를 쭉 펴듯이 하면서 위로 잡아당긴다. 균형을 잡기 어렵다면 의자나 다른 물체를 잡고 실시한다. 반대쪽을 반복한다.

다리 벌려 옆으로 상체 구부리기

두 다리를 양쪽으로 벌리고 앉은 자세에서 머리 뒤에 깍지를 끼고 상체를 옆으로 구부려 무릎 바깥쪽으로 팔꿈치가 닿을 수 있도록 한다. 반대쪽을 반복한다.

누워서 다리 옆으로 잡아당기기

다리를 펴고 누운 자세에서 한 다리를 편 채 잡아 가슴 옆으로 잡아당긴다. 반대쪽을 반복한다.

한 다리 세우고 상체 구부리기

뒤로 다리 잡아당기기

다리 벌려 옆으로 상체 구부리기

누워서 다리 옆으로 잡아당기기

진정한 웰빙의 시작은 건강한 몸에서부터 출발한다.

좋은 음식과 좋은 환경이 우리의 몸을 건강하게 하는 것은 사실이지만,

그런 친환경적 요소들을 우리 몸에서 얼마나 받아들이느냐 하는 것은 기본적으로 우리의 몸이 얼마나 건강한가에 달려있기 때문이다.

진정한 건강을 위해 아침을 시작하는 시간부터 잠잘 때까지 시간대 별로 할 수 있는 스트레칭,

상황에 따른 스트레칭, 운동 전, 후에 할 수 있는 스트레칭 방법을 알아두고 틈틈이 따라해 보도록 하자.

HEALTH STRETCHING

건강 스트레칭

실전 1 · 스트레칭 시간표

하루에 우리가 우리의 몸을 위해 사용하는 시간은 얼마나 될까? 아침에 일어나서부터 잠자리에 드는 시간까지 우리는 쉴새없이 몸을 움직이고 있다. 하지만 그 움직임이라는 것이 우리 몸에 긴장을 주고 피로를 쌓이게 하는 동작들이 대부분. 이런 일상이 반복되다 보면 몸은 우리에게 적신호를 보내게 될 것이다. 요즈음 강조되고 있는 진정한 웰빙을 위한 첫걸음은 바로 자신의 몸을 보호하는 것. 일상이 시작되는 아침부터 잠자리에 드는 저녁까지 오분만 시간내어 활용하는 스트레칭으로 편안하고 건강한 휴식을 취해 보자.

실전 2 · 상황별 스트레칭

여행 중, 운전 중, 무거운 물건을 들 때, 오래 서 있을 때 등등 … 우리의 몸은 시시각각 혹사당하고 있다고 해도 과언이 아니다. 각 상황에 따라 팔, 다리, 어깨 등 그 부위만 다를 뿐이다. 이렇게 혹사당하고 있는 몸을 부드럽게 풀어주는 것이 바로 스트레칭. 다양한 상황에 맞추어 긴장이 되거나 불편해지는 부위를 풀어주고 몸의 균형을 잡아줄 수 있는 동작들을 알아보자. 건강을 위해서, 내 몸을 위해서 … 이 책, 하루 5분 건강 스트레칭의 목표이다.

실전 3 · 운동별 스트레칭

여가시간이 많아지고 건강에 관심이 높아지면서 많은 사람들은 스포츠를 하나씩 즐기기 시작했다. 인라인, 스키, 스노보드 등 계절 스포츠는 물론, 골프, 테니스, 축구, 농구 등 그 형태도 다양하다. 하지만 이러한 스포츠를 즐기기 전에 우리 몸이 얼마나 준비가 되어 있는지 살펴 볼 필요가 있다. 스포츠는 몸의 격하게 쓰는 경우가 많다. 때문에 운동에 들어가기 전 몸의 준비를 시키는 것은 필수. 스트레칭은 운동 전 근육이 효율적으로 움직일 수 있게 도와주고, 운동 후 근육을 안정상태로 되돌려주기 때문에 운동 전, 후에 빠져서는 안 될 중요한 역할을 한다.

time

스트레칭
시간표

상쾌한 하루를
맞기 위한
오전 스트레칭

밤새 이완되어 있던 근육과 관절을 원 상태로 돌려주는 오전 스트레칭. 잠자리에서 일어나 바로 하는 스트레칭은 몸을 움직일 수 있도록 준비를 시켜주기 때문에 몸과 마음을 개운하게 해주어 활기찬 하루를 시작할 수 있게 도와준다. 이 외에도 샤워하면서, 출근길 차 안에서, 아침에 업무에 들어가기 전에 해주는 스트레칭은 따로 시간을 내지 않고 할 수 있는 동작들이기 때문에 시간도 절약하고 운동효과도 거둘 수 있어 효율적이다.

6:00
일어나면서 하는
스트레칭

기분 좋은 아침을 맞이하기 위한 잠깐 스트레칭. 잠자는 동안 경직되어 있던 근육들을 무리하지 말고 조금씩 움직여 부드럽게 풀어준 다음 하루를 시작한다.

기지개 펴기

누운 자세에서 팔을 위 로 쭉 펴고 손끝에서 발 끝까지 힘을 주면서 몸을 쭉 편다.
오른쪽으로 몸을 돌려 허리를 젖히면서 몸을 쭉 펴고 다시 왼쪽으로 몸을 돌려 허리를 젖히면서 몸을 쭉 편다.

기지개 펴기

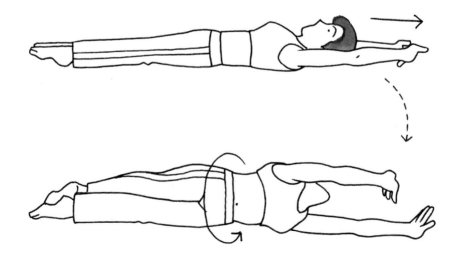

발 걸고
반대다리 안기

발목, 손목
돌리고
털어주기

목 돌리기

발 걸고 반대다리 안기

누워서 한 다리를 들어 쭉 펴 준 다음 반대편 다리를 무릎 위에 얹어준다. 무릎 위 얹은 다리의 무릎을 바깥으로 눌러주면서 위에 세운 다리의 뒤쪽을 잡아 가슴 앞으로 당긴다.

발목, 손목 돌리고 털어주기

발을 위로 힘주어 꺾었다가 앞으로 쭉 편다. 양발을 안에서 바깥쪽으로 다시 바깥에서 안쪽으로 돌린다. 발목을 흔들어 털어준다. 발과 함께 팔을 위로 들어 주먹을 쥐고 안에서 바깥쪽으로 다시 바깥에서 안쪽으로 돌린다. 손목을 털어준다.

목 돌리기

누운 자세에서 목을 좌우로 부드럽게 돌려준다.

팔베개 하고 몸 비틀기

누워서 머리 옆에 왼손을 가볍게 대고 왼쪽 다리의 무릎을 세운다. 세운 무릎을 오른쪽으로 돌려 무릎이 바닥에 닿도록 하고 머리는 왼쪽 팔꿈치 쪽을 본다. 반대쪽으로 반복한다.

다리 안기

누워서 한 다리의 무릎을 구부려 가슴 앞으로 안아준다. 반대쪽으로 반복한다.

팔베개 하고 몸
비틀기

다리 안기

1. 발모아 안기

누운 자세에서 공중에서 두 발을 마주 대고 가슴 앞쪽으로 잡아당겨준다.

2. 상체 들기

엎드려서 손을 몸 앞으로 짚고 상체를 일으킨다. 배 근육이 늘어나도록 하고 오른쪽 왼쪽으로 상체를 틀면서 뒤를 본다. 반대쪽으로 반복한다.

3. 엎드려 어깨 펴기

무릎을 직각으로 세우고 엉덩이는 위를 향하게 하고 팔을 옆으로 쭉 펴고 어깨를 눌러준다. 이때 겨드랑이가 바닥에 닿도록 누른다.

4. 엎드리기

무릎을 양 옆으로 넓게 벌리면서 구부려 앉은 자세에서 팔을 앞으로 쭉 뻗으면서 편안하게 엎드린다.

5. 앉아서 팔 위로 펴기

양반자세로 얹아서 양손을 가슴 앞에서 깍지 끼고 코로 숨을 들이마시면서 위로 쭉 올려 편다. 양팔을 힘주어 위로 올리면서 고개를 젖혀 위를 본다.

발모아 안기

상체 들기

엎드려 어깨 펴기

앉아서 팔
위로 펴기

엎드리기

어깨돌리기

양반다리로 앉은 자세에서 어깨를 앞에서 뒤로 다시 뒤에서 앞으로 돌린다.

발끝 들기

두 손을 바닥에 대고 쪼그려 앉은 상태에서 뒤꿈치를 위로 한껏 밀어올린다.

등 밀어올리기

천천히 등을 밀어올리면서 일어선다.

기지개 펴기

일어서서 한 손은 위로 한 손은 몸 옆으로 놓고 위로 올린 손 쪽 옆구리를 밀면서 기지개를 편다. 반대쪽을 반복한다.

어깨돌리기

발끝 들기

등 밀어올리기

기지개 펴기

샤워를 하는 동안에도 우리는 많은 동작을 하게 된다. 비누칠을 하거나 머리를 감는 등 샤워할 때 하는 동작들을 조금 더 효율적으로 활용하면 스트레칭 효과를 얻을 수 있다.

고개 젖히기
샤워기의 물을 틀어 머리를 적시면서 한껏 고개를 뒤로 젖힌다.

벽 잡고 어깨 누르기
샤워기의 물을 틀고 온도를 맞추는 동안 벽에 두 손을 대고 어깨를 누른다.

뒤로 당기기
두 손을 뒤로 돌려 등에 비누칠을 하면서 샤워 타월을 한 손은 위로 한 손은 아래로 잡고 아래로 잡은 손으로 타월을 잡아당겨준다. 반대쪽으로 반복한다.

뒤로 올리기
몸 뒤쪽에서 타월을 잡고 두 팔을 동시에 위로 올린다. 상체는 세우고 팔만 위로 올린다.

앞으로 구부리기
비누칠을 하면서 다리를 곧게 편 상태에서 상체를 구부려 다리와 종아리를 문지른다. 반대쪽으로 반복한다. 벽에 발을 대고 실시해도 좋다.

**6:30
샤워하면서 하는
스트레칭**

고개 젖히기

벽 잡고
어깨 누르기

뒤로 당기기

앞으로 구부리기

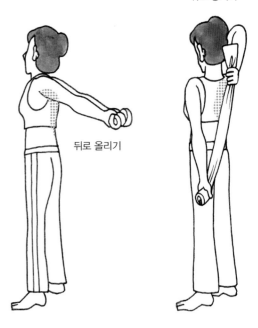

뒤로 올리기

욕조에
앉아서 하는
스트레칭

따뜻한 욕조에 앉아 반신욕을 하면서 스트레칭을 같이 해주면 혈관과 근육이 이완된 상태이기 때문에 스트레칭의 효과가 한층 높아지고 피로를 푸는 데는 가장 효과적이다. 욕조에서 미끄러지지 않도록 주의를 하면서 다음 동작을 따라해 본다.

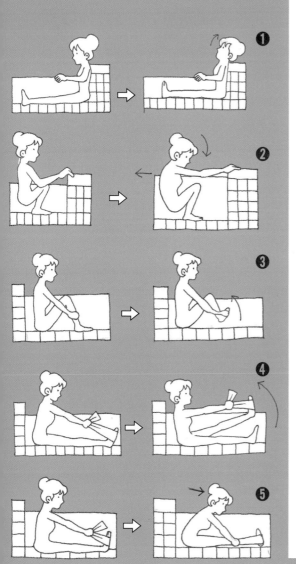

1. 목 젖히기

욕조에 느긋하게 앉아서 목을 한껏 뒤로 젖혀준다.

2. 쪼그려 앉기

두 손으로 욕조를 잡고 쪼그려 앉아 고개를
숙이면서 등을 한껏 뒤로 민다.

3. 발끝 잡아당기기

두 무릎을 세워 앉은 상태에서 뒤꿈치를 바닥에 대고 발끝을 두 손으로 잡아 위로 당겨준다.

4. 다리 올려 당기기

목욕 타월을 한쪽 발에 걸고 위로 잡아당겨준다.

5. 발 당기기

두 발을 쭉 펴고 앉은 상태에서 발바닥에 타월을 걸고 잡아당기면서 상체를 숙인다.
배가 먼저 다리에 닿도록 숙인다.

7:30
전철, 버스 안에서
하는 스트레칭

출퇴근 시간을 스트레칭 시간으로 활용해 보자. 버스의 손잡이, 전철의 기둥을 이용하는 스트레칭 방법과 앉아서 근육을 이완하고 수축하는 방법을 알아본다.

발목 늘리기

손잡이를 잡고 선 자세에서 뒤꿈치를 들어올려 정지하고 10을 센 뒤 다시 뒤꿈치를 바닥에 내려놓고 뒤꿈치를 대고 앞꿈치를 들어올린 상태로 10을 센다. 이 동작을 반복한다.

어깨 늘리기

선 자세로 손잡이를 두 손으로 잡고 어깨를 뒤로 민다.

비복근 늘리기

앉아서 뒤꿈치를 바닥에 대고 발끝을 힘주어 위로 잡아당긴다.

어깨 누르기

앉아서 등뒤로 팔을 접어 의자의 등 받이 위를 잡도록 노력하면서 몸통으로 팔을 눌러 어깨를 늘려준다.

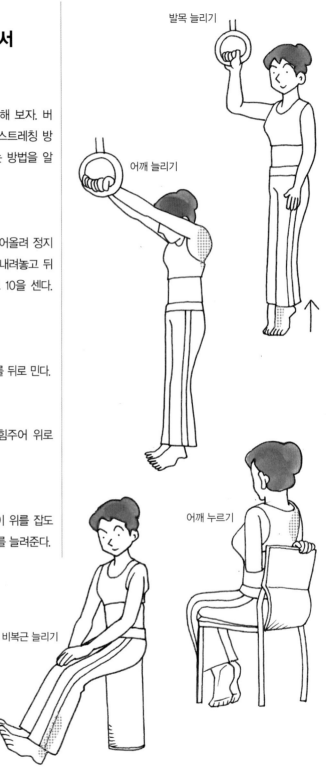

발목 늘리기

어깨 늘리기

비복근 늘리기

어깨 누르기

앞, 뒤꿈치 들었다 올리기

손잡이를 잡고 서서 엉덩이에 힘을 주면서 앞꿈치를 들었다 뒤꿈치를 들었다 반복해준다.

허리 돌리기

손잡이를 두 손으로 잡고 가볍게 허리를 좌에서 우로, 우에서 좌로 돌린다.

옆구리 늘리기

선 자세에서 상체를 옆으로 구부리면서 허리 아랫부분이 늘어나도록 한다. 반대쪽으로 반복한다.

하복부 늘리기

선 자세에서 골반 부분을 앞으로, 뒤로 밀어준다.

앞, 뒤꿈치
들었다 올리기

허리 돌리기

옆구리 늘리기

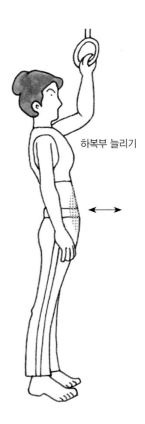

하복부 늘리기

8:30
사무실 의자에서
하는 스트레칭

업무를 시작하기 전 가볍게 할 수 있는 스트레칭. 오랫동안 앉아서 일을 해야 하기 때문에 경직되기 쉬운 목, 어깨, 옆구리, 근육을 가볍게 풀고 업무를 시작하는 것이 좋다.

목 늘리기

왼손으로 반대쪽 머리를 잡아 오른쪽으로 당겨 귀가 어깨에 닿도록 구부려준다. 이때, 오른손은 의자의 바닥을 잡아준다. 10까지 세고 반대쪽으로 반복한다.

어깨 펴기

의자를 뒤로 쭉 빼면서 손으로 책상을 나란히 잡고 상체를 굽혀 어깨가 늘어나도록 한다.

책상에서 어깨 누르기

책상 앞에 앉아서 양 팔을 넓게 벌려 책상 끝을 잡고 어깨를 책상 모서리 면에 붙인다. 얼굴을 반대쪽으로 돌리고 같은 쪽 팔은 직각이 되도록 구부린다.

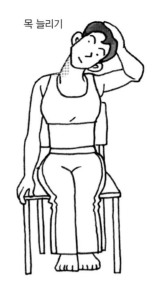

목 늘리기

어깨 펴기

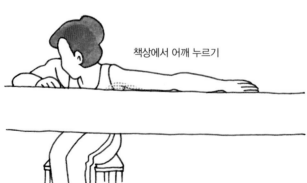

책상에서 어깨 누르기

몸통 돌려
등받이 잡기

몸통 돌려 등받이 잡기

의자에 척추를 똑바로 세우고 앉은 자세에서 왼쪽 다리를 오른쪽 무릎 위에 올려 꼬아준다. 꼬아준 다리 쪽으로 몸을 틀어 등받이를 잡는다. 반대쪽으로 반복한다.

옆으로 몸통 구부리기

의자 바닥을 한 손으로 짚고 반대편 팔을 위로 올려 의자를 잡은 손 쪽으로 상체를 굽힌다. 반대쪽으로 반복한다.

두 다리 동시에 펴서 발끝 올리기

두 손을 뒤로 해 의자 바닥을 잡고 두 다리를 붙여 동시에 앞으로 쭉 펴서 수평을 유지한 상태에서 발목을 힘있게 꺾어 위로 올린다.

다리 접고 상체 구부리기

의자에 앉아 한 다리를 다른 다리 위로 접어서 올린 다리 무릎을 아래로 누르면서 상체를 앞으로 숙인다. 반대쪽을 반복한다.

옆으로 몸통
구부리기

두 다리 동시에 펴서
발끝 올리기

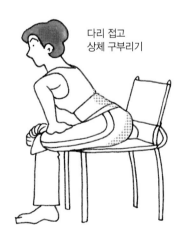

다리 접고
상체 구부리기

의자 등받이 잡고 몸통 밀기

두 손을 뒤로 뻗어 의자 등받이를 잡고 몸통을 앞으로 내밀었다가 배를 수축시키면서 등을 동그랗게 만다.

팔 올리면서 가슴 젖히기

가슴 앞에서 손을 깍지껴 등을 뒤로 밀면서 앞으로 팔을 펴고 위로 팔을 밀어 올리면서 등을 꼿꼿하게 펴고 어깨를 뒤로 젖힌다.

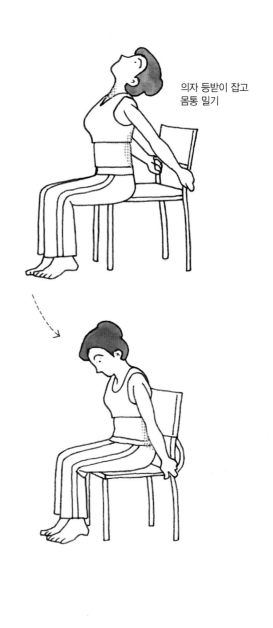

의자 등받이 잡고
몸통 밀기

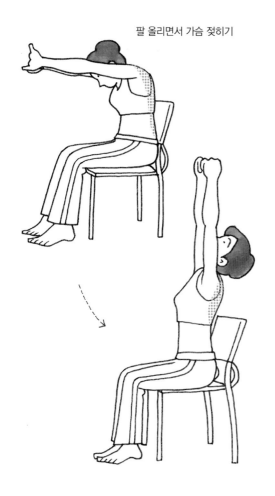

팔 올리면서 가슴 젖히기

의자에 앉아
상체 구부리기

의자에 앉아 상체 구부리기

다리를 양옆으로 벌리고 의자에 앉아 상체를 다리 사이로 깊숙이 숙인다.

다리 벌리고 상체 구부리기

의자 옆에 다리를 앞뒤로 벌리고 서서 한쪽 손으로는 의자 등받이를 잡고 상체를 앞으로 굽혀 다리가 가슴에 닿도록 한다.

의자에 발 얹고 다리 늘리기

선 자세에서 한 발을 의자 위에 얹고 상체를 구부린 다리 쪽으로 숙여준다. 반대쪽으로 반복한다.

뒤로 잡고 무릎 구부리기

두 팔을 뒤로 뻗어 책상(혹은 의자)을 잡고 무릎을 구부려 앉는다. 어깻죽지가 완전히 펴지도록 한다.

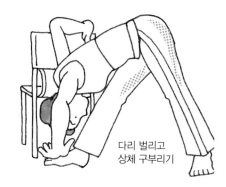

다리 벌리고
상체 구부리기

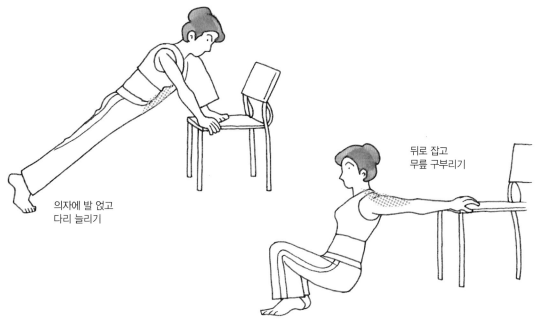

의자에 발 얹고
다리 늘리기

뒤로 잡고
무릎 구부리기

나른한 몸에
활력을 주는
오후 스트레칭

컴퓨터 앞에 앉아 있거나 책상 앞에서 주로 시간을
보내게 되는 오후. 아침의 상쾌함과는 달리 어깨와
목부터 근육이 긴장되기 시작하고 바르게 앉으려 했
던 자세가 무너지기 쉬운 시간이다. 이때 의자를 이
용하거나 잠시 일어나서 스트레칭을 해주면 긴장되
어 있던 근육을 풀어줄 뿐 아니라 척추의 부담을 덜
어준다. 오후에는 컴퓨터로 인해 피로해진 손목의
관절을 돌려 주거나 긴장된 어깨, 등을 풀어주는 동
작을 많이 해준다.

 ## 1:00
점심 시간에 하는
스트레칭

점심을 먹은 다음 소화를 도울 수 있는 동작과 함께
오전 내내 굳어저 있던 근육들을 풀어주어 나른해질
수 있는 오후 일과를 기분 좋게 시작하자.

앉았다 일어서기
무릎 위에 손을 얹고 무릎을 구부려 가볍게 앉았다
가 일어서기를 반복한다.

앉았다 일어서기

130

허리 비틀기

손바닥을 쫙 펴준 다음 양손을 머리 위로 들고 허리를 비틀면서 뒤를 본다. 좌우로 번갈아가며 한다.

팔 돌리기

양팔을 위로 쭉 뻗어준 상태에서 앞에서 뒤로 뒤에서 앞으로 돌린다. 각각 8회씩 반복한다.

다리 꼬고 상체 앞으로 구부리기

선 자세에서 다리를 꼬고 상체를 앞으로 구부린다. 구부린 상태로 양옆으로 몸을 틀어준다. 발을 바꾸어 꼬고 반복한다.

몸 펴기

위로 팔을 들어 쭉 펴서 손을 잡고 뒤꿈치를 올린 뒤 좌우 옆구리를 늘리면서 뒤꿈치를 올리고 가볍게 제자리에서 걷는다.

허리 비틀기

팔 돌리기

다리 꼬고 상체 앞으로 구부리기

몸 펴기

3:00
긴장한 근육 풀어주는
스트레칭

오후 중 몸의 피로함을 가장 많이 느끼게 되는 시간.
등, 어깨, 다리에 쌓인 근육의 긴장을 간단하고 쉬운
동작을 하면서 이완시켜 주도록 한다.

어깨 늘리기

앞에 있는 책상이나 작업대를 잡고 의자를 뒤로 쭉
빼서 어깨를 눌러준다.

몸통 비틀기

의자에 똑바로 상체를 세우고 앉은 자세에서 몸통을
틀어 의자 등받이를 잡는다. 반대쪽으로 반복한다.

상체 구부리기

의자에 앉아 한 다리를 구부려 다른 다리 위에 발을
얹고 위에 얹은 다리의 무릎을 누르면서 상체를 앞
으로 구부린다. 반대쪽으로 반복한다.

어깨 늘리기

몸통 비틀기

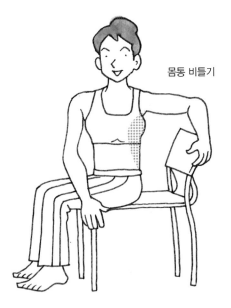

상체 구부리기

132

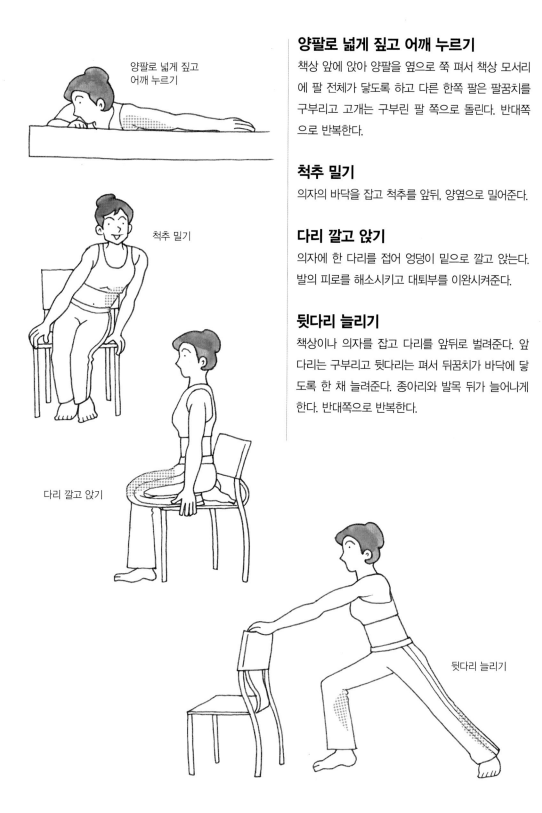

양팔로 넓게 짚고 어깨 누르기

책상 앞에 앉아 양팔을 옆으로 쭉 펴서 책상 모서리에 팔 전체가 닿도록 하고 다른 한쪽 팔은 팔꿈치를 구부리고 고개는 구부린 팔 쪽으로 돌린다. 반대쪽으로 반복한다.

척추 밀기

의자의 바닥을 잡고 척추를 앞뒤, 양옆으로 밀어준다.

다리 깔고 앉기

의자에 한 다리를 접어 엉덩이 밑으로 깔고 앉는다. 발의 피로를 해소시키고 대퇴부를 이완시켜준다.

뒷다리 늘리기

책상이나 의자를 잡고 다리를 앞뒤로 벌려준다. 앞다리는 구부리고 뒷다리는 펴서 뒤꿈치가 바닥에 닿도록 한 채 늘려준다. 종아리와 발목 뒤가 늘어나게 한다. 반대쪽으로 반복한다.

양팔로 넓게 짚고
어깨 누르기

척추 밀기

다리 깔고 앉기

뒷다리 늘리기

133

4:00
지친 팔 풀어주는 스트레칭

오랜 컴퓨터 작업으로 인해 손목이나 팔에 무리가 올 수 있기 때문에 이 시간에는 간단한 동작을 이용해 팔목, 어깨를 풀어주도록 한다.

손목 꺾기

양팔을 어깨 높이로 양옆으로 들고 손을 펴서 위로 꺾었다가 아래로 꺾기를 반복한다. 이때 양팔에 힘을 주어 실시한다.

손가락 뒤로 넘기기

팔을 쭉 펴서 가슴 앞으로 든 상태에서 한 손의 손가락를 다른 한 손으로 잡고 한 손가락씩 몸 쪽으로 꺾어준다. 반대 손을 반복한다.

손목 돌리기

두 손을 주먹을 쥔 상태에서 안에서 밖으로, 밖에서 안으로 가볍게 돌려준다.

물결치기

양손을 깍지 끼고 위 아래로 물결치듯이 손목을 돌려준다.

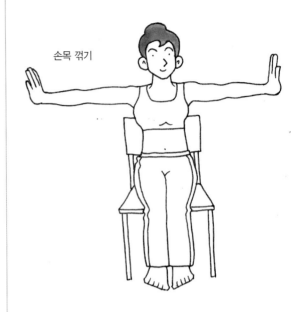

손목 꺾기

손가락 뒤로 넘기기

손목 돌리기

물결치기

손목 비틀어
올렸다 내리기

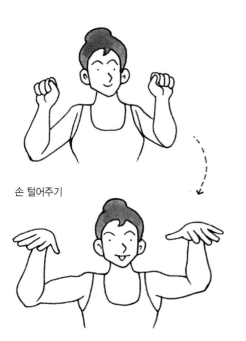

손 털어주기

손목 비틀어 올렸다 내리기

양팔을 몸 앞에서 엇갈리게 깍지를 끼고 한 번 돌려 비튼 뒤 숨을 들이마시면서 위로 들어올린다. 이때 고개도 함께 뒤로 젖혀준다. 숨을 입으로 내쉬면서 천천히 아래로 내린다. 손을 바꾸어 반복한다.

손 털어주기

양손을 꼭 쥐었다가 펴기를 반복하고 가볍게 털어준다.

팔꿈치 누르기

양팔을 머리 위로 구부린 상태에서 한쪽 팔꿈치를 뒤로 눌러준다. 반대쪽으로도 실시한다.

팔꿈치 누르기

6:00
업무를 마치면서 하는 스트레칭

업무시간 동안 움츠리고 있던 근육들을 골고루 풀어주는 시간. 어깨, 등, 다리 부분의 뭉친 근육들을 시원하게 풀어줄 수 있는 스트레칭을 알아보자.

어깨 돌리기

양손을 가볍게 어깨에 대고 어깨를 앞에서 뒤로, 다시 뒤에서 앞으로 돌려준다.

뒤로 책상잡고 앉기

책상을 등지고 서서 팔을 뒤로 뻗어 책상 위에 두 손을 얹고 앞으로 무릎을 구부려 앉는다. 어깻죽지가 충분히 늘어나도록 한다.

의자에 앉아 무릎 구부렸다 펴기

의자 바닥을 양손으로 잡고 두 무릎을 동시에 구부렸다가 펴준다. 이 동작을 8회 반복한다.

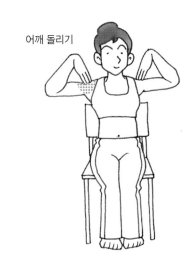

어깨 돌리기

뒤로 책상잡고 앉기

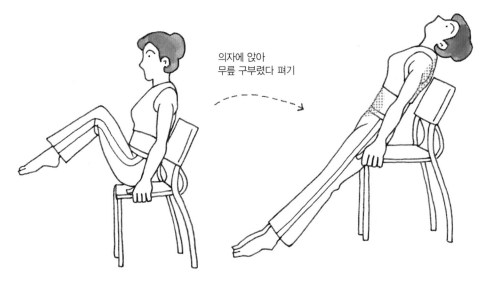

의자에 앉아
무릎 구부렸다 펴기

136

가슴 젖히기

가슴 젖히기

자리에서 일어나 뒤로 손을 깍지 껴서 잡고 고개와 가슴을 뒤로 젖히면서 상체를 앞으로 한껏 민다.

발목 꺾기

하루 종일 앉아 있어서 피로한 발을 풀어준다. 한 다리 위에 다른 한 다리를 구부려 얹고 반대 손으로 힘주어 발을 위로 꺾어준다. 다시 발목을 펴서 아래쪽으로 눌러 발목을 펴준다.

발목 꺾기

발목 돌리기

한 다리 위에 다른 한 다리를 구부려 얹고 반대 손으로 발을 잡고 발목을 돌려준다. 반대 발을 반복한다.

한 다리 잡고 올리기

의자에 앉은 상태에서 한 발을 앞으로 펴서 반대 손으로 잡고 무릎을 쭉 편 상태로 올려준다. 반대쪽으로 반복한다.

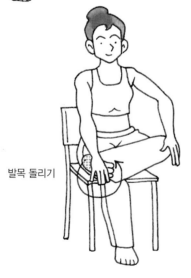

발목 돌리기

한 다리 잡고 올리기

7:30
저녁을 먹은 후
소화 스트레칭

식사 후 위로 몰린 혈액을 순환시켜주고 장을 자극하여 소화를 도와줄 수 있는 스트레칭 방법들을 알아본다.

허리 돌리기

선 자세로 두 손으로 허리를 가볍게 잡고 상체 전체가 움직이도록 하면서 크게 허리를 돌려준다. 위에 자극이 가도록 한다. 반대쪽으로 반복한다.

상체 말아 올리기

두 발을 붙이고 무릎을 살짝 구부린 상태로 서서 두 손으로 무릎을 짚고 등을 위로 힘껏 밀면서 동그랗게 말아 올린다. 고개가 제일 나중에 올라오도록 한다.

허리 돌리기

상체 말아 올리기

138

옆으로 구부리기

옆으로 구부리기

무릎을 편 상태에서 두 발을 꼬아 상체를 구부리고 손은 몸 가까운 바닥을 짚어준다. 팔을 조금씩 움직여 꼰 다리 뒤편을 잡아 상체를 비틀어준다.

다리 안기

누워서 두 다리를 구부려 가슴에 닿도록 힘주어 안아 복부에 압력이 주어지도록 한다.

고양이 등

무릎과 손을 바닥에 짚은 자세로 숨을 들이마시면서 등을 위로 밀어올렸다가 숨을 내쉬면서 등을 아래로 누른다.

다리 안기

고양이 등

9:00
TV를 보면서 하는
스트레칭

TV를 보면서도 충분히 스트레칭을 할 수 있다. 벽을 이용해서 하거나 옆으로 누워서 할 수 있는 간단한 스트레칭으로도 운동 효과를 얻을 수 있다.

벽에 등 대고 두 팔 위로 밀기

다리를 앞으로 뻗고 등을 펴고 벽에 기대어 앉은 상태에서 양손을 깍지 껴 위로 들고 벽에 대고 위로 밀어준다. 등을 곧게 펴서 등 전체가 벽에 닿도록 한다.

상체 밀기

두 발바닥을 마주 대고 앉은 자세에서 숨을 들이마시면서 상체를 앞으로 쭉 밀어준다. 숨을 내쉬면서 자세를 풀어주고 다시 반복한다.

상체 구부리기

한 다리를 구부리고 다시 그 위로 반대쪽 다리를 세워서 구부려 앉은 뒤 숨을 들이마셨다가 내쉬면서 상체를 앞으로 구부린다. 배가 먼저 넓적다리에 닿도록 한다. 숨을 들이마시면서 상체를 일으켜 세운다. 반대쪽으로 반복한다.

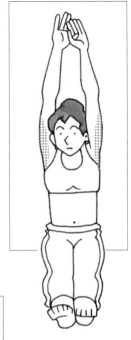

벽에 등 대고
두 팔 위로 밀기

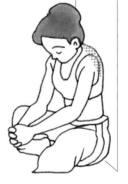

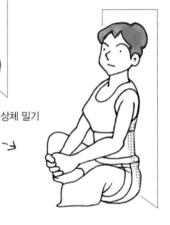

상체 밀기

상체 구부리기

140

앉아서 한 다리
들어올리기

앉아서 한 다리 들어올리기
한 다리를 구부리고 앉은 자세에서 반대쪽 다리를 펴서 같은 방향 손으로 뒤꿈치를 잡고 위로 들어올린다. 반대쪽 손은 옆 바닥을 짚는다. 엉덩이가 뒤로 빠지지 않도록 한다. 반대쪽으로 반복한다.

발 당기기
두 다리를 모아 두 발을 손으로 잡고 상체를 천천히 앞으로 구부린다. 배가 먼저 내려온다는 생각으로 하고 무릎을 구부리지 않도록 한다. 완전히 상체를 구부리지는 말고 허리에 자극을 준다.

발 당기기

다리 뒤로 당기기
옆으로 머리를 괴고 누운 자세에서 위에 놓인 다리를 뒤로 접어 같은 손으로 잡아당겨 엉덩이에 뒤꿈치가 닿도록 한다. 반대쪽으로 반복한다.

무릎 구부려 안기
옆으로 머리를 괴고 누운 자세에서 위에 놓인 다리를 앞으로 구부려 가슴 쪽으로 당겨준다. 반대쪽으로 반복한다.

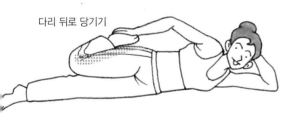
다리 뒤로 당기기

다리 위로 들기
옆으로 누운 다음 한 다리를 펴서 위로 든 상태에서 발목을 잡아 가슴 쪽으로 당겨준다. 반대쪽으로 반복한다.

무릎 구부려 안기

다리 위로 들기

141

하루의 피로를 풀어주는 저녁 스트레칭

잠자기 전 스트레칭은 하루의 피로를 풀 수 있도록 해주고 긴장되거나 뭉친 근육과 관절을 풀어 준다. 또한 신경을 적당하게 자극하여 피로감을 풀어줌으로써 숙면할 수 있도록 해준다.

경직된 신체의 부분을 그대로 두면 혈액 순환과 영양 공급이 잘 이루어지지 않아 근 유착이 될 수 있으며, 평상시 결리거나 당기는 등의 증상이 나타나게 된다. 따라서 아프거나 뭉친 부위는 반드시 그때그때 스트레칭이나 마사지를 통해서 풀어주는 것이 좋다. 하루의 피로는 그날그날 풀어주는 것이 대단히 중요하다.

12:00 잠자리 들기 전 하는 스트레칭

하루에 쌓인 피로를 풀어주는 스트레칭 시간. 잠자기 전에 하는 스트레칭은 다음날까지 피로감이 남지 않도록 도와줄 뿐 아니라 숙면을 취하게 하는 데도 효과적이다.

호흡하기

양반다리로 앉아서 양손을 무릎 위에 가볍게 얹고 숨을 코로 들이마시면서 배를 앞으로 내밀고 입으로 숨을 내쉬면서 배를 들이 민다.

호흡하기

142

목 돌리기

목 돌리기

목을 양옆, 앞뒤로 눌러주고 천천히 돌려준다.

앉아서 기지개 켜기

등을 똑바로 세우고 양반다리 자세로 앉아서 가슴 앞에서 손을 깍지 끼고 위로 밀어올린다.

앉아서 옆으로 구부리기

등을 똑바로 세우고 양반다리 자세로 앉아서 가슴 앞에서 손을 깍지 끼고 위로 밀어올린 뒤 그대로 옆으로 상체를 구부려준다. 반대쪽으로 반복한다.

앉아서 옆으로 구부리기

앉아서 기지개 켜기

무릎 양 옆으로 누르기

등을 똑바로 세우고 두 발을 마주 대고 앉아서 양 무릎을 손으로 누른다.

무릎대고 앉아 상체 뒤로 젖히기

무릎만 바닥에 대고 엉덩이는 들고 앉은 자세에서 두 손으로 골반을 받치면서 상체를 뒤로 젖힌다. 가능한 한 뒤로 많이 젖혀 본다.

앉아 상체 앞으로 굽히기

등을 똑바로 세우고 가부좌 자세로 앉아서 가슴을 앞으로 숙인다. 손을 바닥에 짚고 멀리 가도록 한다.

사선 만들기

뒤로 손을 짚고 몸을 쭉 편 상태에서 머리를 뒤로 넘겨준다.

무릎 양 옆으로 누르기

무릎대고 앉아 상체 뒤로 젖히기

앉아 상체 앞으로 굽히기

사선 만들기

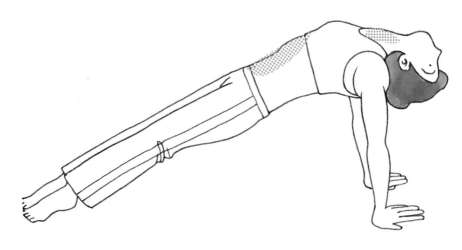

다리 올리기

누운 자세에서 두 다리를 들어올려 직각이 되도록 한다. 하루 종일 다리에 몰렸던 혈액을 심장으로 되돌리도록 한다.

무릎 대고 엎드려 어깨 누르기

무릎을 구부려 바닥에 앉은 자세로 상체를 앞으로 숙이고 한쪽 팔은 가슴 앞에서 직각이 되도록 짚고 다른쪽 팔은 반대쪽으로 놓고 가슴으로 누르듯이 한다. 반대쪽을 반복한다.

엎드려서 상체 일으켜 뒤 보기

두 발을 쭉 뻗고 발을 약간 벌린 자세로 엎드려서 상체를 일으켜 뒤를 본다. 반대쪽을 반복한다.

엎드려서 한 다리 잡기

다리를 쭉 펴고 엎드린 자세에서 한 다리를 뒤로 구부려 같은 쪽 손으로 잡는다. 무릎이 밖으로 벌어지지 않도록 뒤꿈치가 엉덩이에 닿도록 한다. 반대쪽을 반복한다.

다리 올리기

무릎 대고 엎드려
어깨 누르기

엎드려서 상체
일으켜 뒤 보기

엎드려서 한 다리 잡기

무릎 벌리기

양 발바닥을 마주 대고 무릎을 밖으로 벌려 바닥에 댄다.

무릎 벌리기

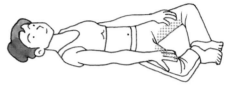

다리 펴서 반대쪽으로 돌리기

두 다리를 쭉 편 상태에서 한쪽 다리를 위 넘어 온 다리를 잡아 당겨주고 반대쪽 팔은 편 상태로 두고 시선은 넘긴 다리의 반대쪽을 본다. 반대쪽을 반복한다.

다리 펴서
반대쪽으로 돌리기

무릎 안기

두 무릎을 구부려 양 손으로 발을 잡고 가슴 앞으로 안고 몸을 동그랗게 만다.

무릎 안기

다리 들기

누운 자세에서 한 다리는 펴고 한 다리는 위로 들어 올려 허벅지를 두 손으로 잡고 몸 쪽으로 당겨준다. 반대쪽을 반복한다.

몸 비틀기

누워서 두 손은 머리 뒤에서 깍지 낀 상태에서 한 다리를 구부려 반대쪽으로 몸을 돌려 무릎이 바닥에 닿도록 한다. 반대쪽을 반복한다.

다리 들기

몸 비틀기
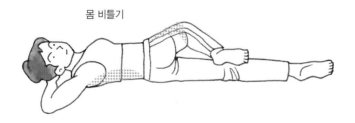

발바닥 잡아당기기

발바닥 잡아당기기

누워서 두 다리를 위로 올려 양손으로 발바닥을 잡고 몸 쪽으로 잡아당긴다. 이때 무릎을 구부리지 않도록 한다.

한 다리씩 안아 돌리기

두 다리를 쭉 펴고 누운 자세에서 한 다리를 구부려 가슴 앞으로 안아 당기고 바깥쪽으로 돌리면서 내린다. 이때 고개는 움직이는 반대편을 본다. 반대쪽을 반복한다.

등 펴기

등 뒤에 쿠션을 놓고 다리를 쭉 편 채 팔을 위로 늘어뜨리고 눕는다.

한 다리 접고 눕기

등 뒤에 쿠션을 두고 누운 자세로 한 다리를 뒤로 접는다.

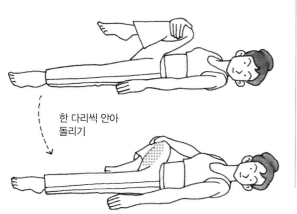
한 다리씩 안아
돌리기

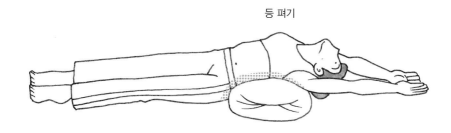
등 펴기

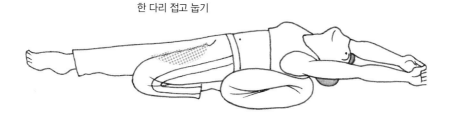
한 다리 접고 눕기

다리 벌리기

누운 자세에서 양 다리를 옆으로 벌려준다. 이때 양 손은 무릎 쪽을 눌러주어 무릎이 구부러지지 않게 한다. 몸에 무리가 가지 않는 만큼만 내려준다.

다리 뒤로 넘겨 다리 벌리기

누운 자세에서 두 다리를 쭉 편 채 머리 위로 넘겨 발끝이 바닥에 닿도록 하고 양쪽으로 다리를 벌린다.

엎드려 한 다리 뒤로 넘기기

다리를 벌리고 엎드린 자세에서 한 다리를 뒤로 넘 겨 발이 바닥에 닿도록 한다. 반대쪽을 반복한다.

긴장 풀기

팔다리를 바닥에 내리고 편안한 자세로 천천히 손, 발, 목을 흔들어서 긴장을 풀어준다.

다리 벌리기

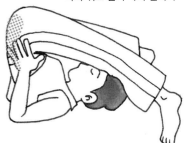

다리 뒤로 넘겨 다리 벌리기

엎드려 한 다리 뒤로 넘기기

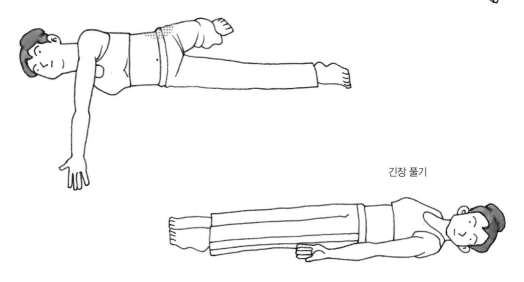

긴장 풀기

situation

상황별
스트레칭

여행 중 스트레칭

낯선 곳으로의 여행은 알게 모르게 몸과 마음을 긴장시킨다. 때문에 여행을 하는 도중 긴장을 풀어주는 스트레칭은 몸과 정신을 맑게 해주는 데 효과적이다.

여행 중 피로감을 느끼게 되는 가장 큰 이유는 긴 이동 시간 동안 몸이 자유롭지 못하기 때문이다. 이런 상태는 상체 쪽으로 오는 혈액의 순환을 막고 팔, 다리의 근육이 뭉치는 현상을 가져오게 한다. 따라서 여행 도중에는 팔, 다리를 중점적으로 스트레칭하여 근육의 뭉침을 풀어주고 얼굴을 자주 움직여주어 혈액의 흐름을 원활하게 해주는 것이 좋다.

턱 잡기
손을 들어 목 뒤로 팔을 돌려 반대쪽 턱을 잡아 당겨준다.

얼굴 스트레칭
눈을 꼭 감고 입을 크게 벌리고 턱을 좌우로 움직이면서 얼굴 근육을 이완시킨다.

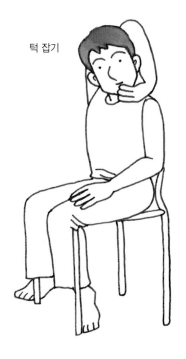

턱 잡기

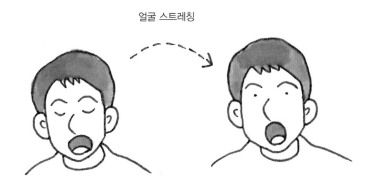

얼굴 스트레칭

위 팔 늘리기

위 팔 늘리기
한쪽 팔을 앞으로 쭉 펴고 반대쪽 손으로 손목을 잡아 가슴 앞으로 당겨준다. 반대쪽을 반복한다.

고관절 돌리기
뒤로 손을 짚고 무릎을 세우고 앉은 자세에서 한 무릎씩 앞으로 바닥에 닿도록 안으로 돌려준다.

옆으로 앉기
옆으로 다리를 모아 앉은 다음 손을 깍지 껴서 가슴 앞으로 밀어준다. 반대쪽을 반복한다.

발가락 늘리기
발가락을 하나 하나 잡아서 옆, 앞, 뒤로 벌려준다. 반대 발을 반복한다.

고관절 돌리기
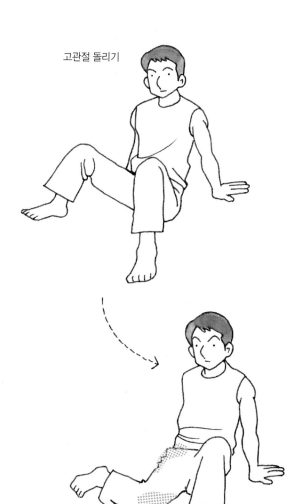

옆으로 앉기

발가락 늘리기

물건 들기 전 스트레칭

무거운 물건을 들어올릴 때 가장 주의해야 할 부분이 허리이다. 갑자기 무거운 물건을 들게 되면 허리에 무리를 주게 되므로 요통을 유발시킬 수 있으며 무릎에도 무리가 올 수 있다.

따라서 물건을 들기 전 허리의 근육을 유연하게 풀어주거나 무릎을 움직여주는 스트레칭을 해주는 것이 좋다. 특히 허리를 숙이는 동작을 많이 하거나 무거운 물건을 옮기는 일을 많이 해야 하는 경우라면 다음과 같은 스트레칭이 몸의 긴장을 풀어주는 데 효과적으로 활용될 수 있다.

상체 깊숙이 구부리기

다리를 붙이고 선 상태에서 상체를 앞으로 깊숙이 숙인다. 숙이면서 두 손으로 발목을 잡는다. 이때 무릎이 구부러지지 않도록 유의한다.

상체 숙여 비틀기

다리를 어깨 넓이로 벌린 상태에서 상체를 굽힌 다음 비틀어서 한쪽 손을 반대쪽 발에 댄다. 반대쪽을 반복한다.

쪼그려 앉아 뒤꿈치 올리기

양 무릎을 완전히 쪼그려 앉은 뒤 바닥에 두 손을 대고 뒤꿈치를 완전히 올린다.

상체 깊숙이
구부리기

상체 숙여 비틀기

쪼그려 앉아
뒤꿈치 올리기

뒤로 상체 넘기기

뒤로 상체 넘기기
허리 위에 두 손을 얹고 상체를 뒤로 한껏 젖힌다.

뒷다리 늘리기
무릎을 붙인 상태에서 앞뒤로 다리를 벌리고 뒷다리는 구부리고 앞다리는 뒤꿈치를 대고 편 채 늘려준다. 반대쪽을 반복한다.

무릎 돌리기
무릎을 구부린 상태에서 무릎을 안에서 바깥으로 다시 바깥에서 안으로 돌린다.

쪼그려 앉기
양 무릎을 두 손으로 감싸안은 채 완전히 쪼그려 앉는다.

뒷다리 늘리기

쪼그려 앉기

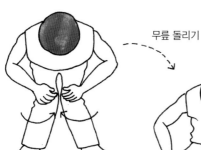
무릎 돌리기

컴퓨터 하기 전
스트레칭

사무실 내에서의 업무가 컴퓨터 작업 위주로 되면서 컴퓨터 눈병이라 칭하는 브이디티(VDT)증후군 (Visual Display Terminal Syndrome)이 많이 문제가 되고 있다. 이는 시력 저하, 눈의 피로, 눈의 조절력 저하, 아물거리는 희미한 시력 및 색각의 이상 현상 등을 야기하며, 두통, 팔목과 어깨의 통증, 식욕부진, 위통, 변비, 생리불순, 열감, 냉감, 흉부압박감, 신경증, 초조감, 등도 동반하는 것으로 알려져 있다.
VDT증후군을 예방하기 위해서는 세심하고 지속적인 노력 및 절제가 요구되는데, 가령 50분 정도의 컴퓨터 작업 후에는 10분 정도 먼 곳을 쳐다보는 식으로 눈에 휴식을 주는 것이 좋고, 책상 높이나 모니터의 위치 등 사무환경을 최적화하는 것과 아울러 적절한 스트레칭으로 팔목과 어깨, 등 통증, 그리고 기타 신체에 나타나는 여러 가지 증상들을 예방하는 것이 중요하다.

주먹 쥐고 펴기
주먹을 꼭 쥐었다 펴기를 반복한다.

손 깍지 껴 앞으로 밀기
손을 깍지 껴 가슴 앞으로 민다.

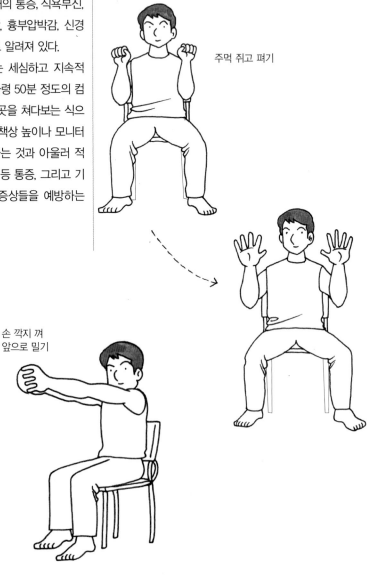

주먹 쥐고 펴기

손 깍지 껴
앞으로 밀기

154

손목 꺾기

가슴 앞에서 팔을 구부려 한 손씩 손목을 뒤로 꺾는다. 다시 손목을 아래쪽으로 꺾는다. 반대쪽을 반복한다.

손바닥 마주 대고 돌리기

손바닥을 가슴 앞에서 마주 대고 서로 안쪽으로 밀면서 손목을 위아래로 돌려준다.

가슴 밀기

뒤로 손을 돌려 의자 등받이를 잡고 숨을 들이마시면서 가슴을 앞으로 한껏 밀어주고 다시 숨을 내쉬면서 풀어준다.

뒤로 합장하기

가슴을 펴고 의자에 앉은 자세에서 뒤로 손을 넘겨 손바닥끼리 마주 대고 합장한다.

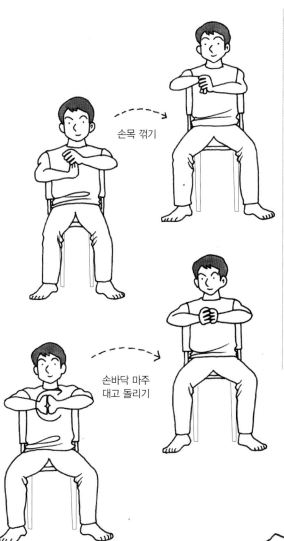

손목 꺾기

손바닥 마주 대고 돌리기

뒤로 합장하기

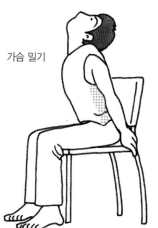

가슴 밀기

비행기 안에서 스트레칭

비행기로 여행을 할 때는 오랫동안 좁은 장소에서 계속 앉아 있게 되므로 하체로 혈액이 몰려 다리가 붓게 되고 온몸이 피로한 증상이 나타나게 되며, 심할 경우는 사망에 이르는 경우도 생기게 된다.
적어도 한두 시간에 한 번씩은 일어나서 화장실 까지 걸어갔다 오거나 상체를 앞으로 굽히는 운동, 다리를 구부렸다 펴는 등의 운동을 해주는 것이 좋다. 그리고 오랫동안 같은 자세로 앉아 있다가 일어나기 전에는 반드시 가벼운 스트레칭을 해준 뒤 일어서는 것이 좋다. 공간이 비좁아 자유로운 움직임을 하기는 힘들지만 공간에 맞는 적절한 운동을 해주는 것이 좋다.

발등 누르기
발등을 세워 발끝을 바닥에 대고 누른다.

앞꿈치 들기
뒤꿈치를 바닥에 대고 양발의 발끝을 위로 든다.

다리 가슴에 안기
한 다리를 들어서 가슴 앞으로 당겨 꼭 안는다. 반대쪽을 반복한다.

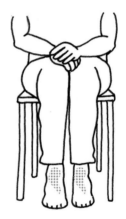

발등 누르기

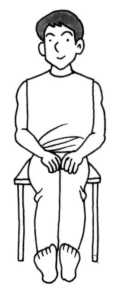

앞꿈치 들기

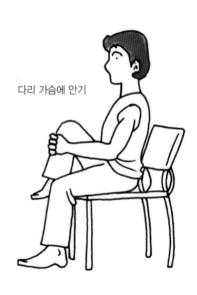

다리 가슴에 안기

가슴 밀기

손을 뒤로 돌려 의자 아래를 잡고 가슴을 앞으로 한 껏 밀었다가 뒤로 동그랗게 만다.

몸 틀기

다리를 꼬고 한 손은 무릎 위에 다른 손은 의자 등 받이를 잡은 상태에서 위에 올린 무릎을 밀면서 등 받이를 잡은 손 쪽으로 상체를 비튼다. 반대쪽으로 도 실시한다.

무릎 구부렸다 펴기

두 다리를 동시에 들어서 구부렸다 쭉 펴준다. 이때 발등은 앞으로 꺾어준다.

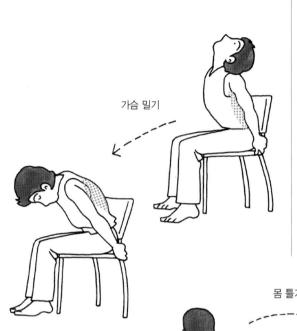

가슴 밀기

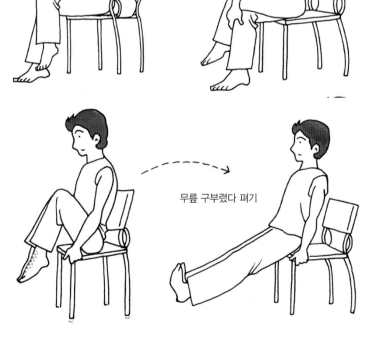

몸 틀기

무릎 구부렸다 펴기

팔 누르기

팔을 뒤로 돌려 의자 등받이에 붙이고 몸통으로 팔 전체를 눌러준다. 반대쪽을 반복한다.

등 펴기

팔을 위로 잡고 쭉 펴면서 고개를 뒤로 젖힌다.

목 늘리기

뒤로 팔을 돌려 양 팔꿈치를 서로 잡고 한쪽으로 목을 늘려주면서 늘리는 쪽 팔꿈치를 잡아당겨 준다. 반대쪽을 반복한다.

어깨 누르기

앞 의자 등받이 위에 팔꿈치를 구부려 얹은 상태에서 고개를 앞으로 숙이면서 어깨를 눌러준다.

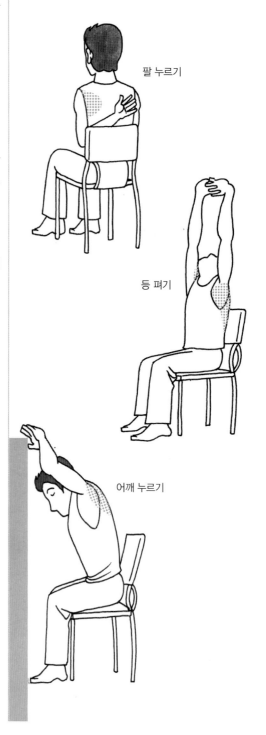

팔 누르기

등 펴기

어깨 누르기

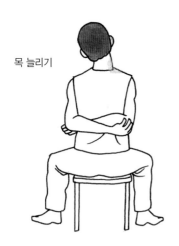

목 늘리기

운전 전, 후 스트레칭

운전대를 오래 잡고 있으면 눈과 어깨에 피로가 오기 쉽다. 그리고 등과 허리에도 통증이 오기 쉽다. 잠시 신호에 걸려 멈추어 서 있는 경우에 차 안에서 간단한 스트레칭을 함으로써 같은 자세로 계속돼 생긴 근육의 피로를 풀어주는 것이 좋다.

또한 잠깐이라도 스트레칭을 해주면 혈액의 흐름도 원활하게 할 수 있으므로 반드시 한 번씩 스트레칭을 해주는 것이 좋으며, 적어도 두 시간에 한 번은 휴게소에 들러 다리 운동과 함께 몸을 완전히 펴주고 호흡도 함께 하는 스트레칭을 해주는 것이 좋다.

핸들 잡고 등 누르기

핸들을 두 손으로 잡고 팔을 쭉 펴면서 뒤로 등을 동그랗게 말아 민다. 다시 팔을 구부리면서 가슴을 앞으로 민다.

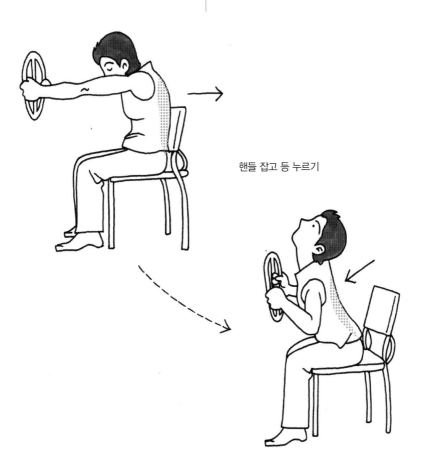

핸들 잡고 등 누르기

상체 비틀기

의자 뒤를 잡으면서 상체를 한쪽으로 비튼다. 반대쪽으로도 실시한다.

어깨 늘리기

두 손 또는 한 손씩 천장에 손바닥을 대고 어깨를 앞으로 밀어주어 어깨의 근육이 충분히 늘어나도록 한다. 반대쪽을 반복한다.

뒤로 팔꿈치 밀기

팔을 구부려 머리 위로 들어올린 뒤 한 손으로 다른 쪽 팔꿈치를 잡고 뒤로 밀어준다. 반대쪽을 반복한다.

고개 젖히기

두 손으로 목 뒤를 주무른 다음 목을 받친 상태로 목을 뒤로 한껏 젖힌다.

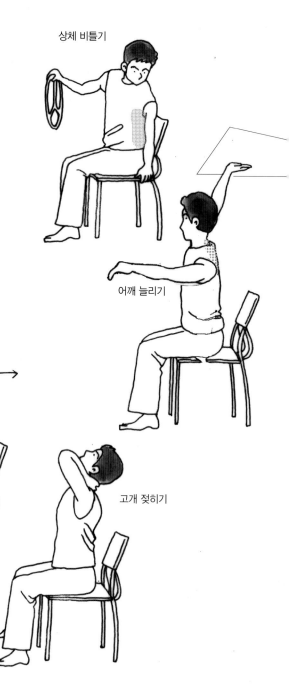

상체 비틀기

어깨 늘리기

뒤로 팔꿈치 밀기

고개 젖히기

상체 옆으로 구부리기

두 팔을 들어올려 한 손으로 다른 쪽 팔꿈치를 잡고 잡은 손 쪽으로 팔을 잡아당기면서 옆으로 구부린다. 반대쪽을 반복한다.

차 잡고 등 펴기

휴게소에서 잠시 쉬게 될 때 두 팔을 뒤로 뻗어 세워 둔 차를 잡고 등을 누르면서 쭉 펴준다.

뒷다리 펴기

차를 잡고 앞다리는 구부리고 뒷다리의 뒤꿈치를 바닥에 붙이면서 뒷다리를 편다. 반대쪽을 반복한다.

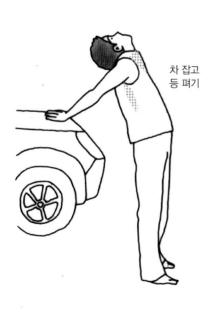

상체 옆으로
구부리기

차 잡고
등 펴기

뒷다리 펴기

책 읽으면서 하는
스트레칭

책을 읽을 때는 대부분 오랫동안 같은 자세를 취하게 된다. 따라서 책을 읽으면서 하는 스트레칭은 관절의 가동 범위 내에서 근육의 길이를 조금씩 늘려주는 정적 스트레칭 동작이 많이 쓰인다. 자세를 조금씩 바꾸어가면서 책을 읽게 되면 한 자세로 오래 읽는 것보다 피로감이 덜하다는 장점이 있다.

또한 책을 읽으면서 동시에 몸의 유연성을 늘리거나 슬리밍을 할 수 있으므로 시간을 효과적으로 이용할 수 있다.

엉덩이 근육 늘리기

한 다리를 앞으로 접고 다른 다리는 뒤로 쭉 편 상태에서 상체를 앞으로 숙여 가슴이 접힌 다리에 닿도록 한다. 반대쪽을 바꾸어가면서 한다.

무릎 구부리기

옆으로 누워서 두 무릎을 가슴 앞으로 구부려 허리를 이완시킨다. 반대쪽으로 바꾸어가면서 한다.

무릎 꿇기

무릎을 양옆으로 벌려 꿇은 상태에서 앞으로 엎드린 자세로 책을 읽는 자세를 취해 고간절의 유연성을 증가시켜준다.

엉덩이 근육 늘리기

무릎 구부리기

무릎 꿇기

한 다리 펴기

머리를 괴고 옆으로 누워 한 다리는 앞으로 직각으로 뻗고 다른 쪽 다리는 뒤로 구부린 상태로 책을 읽는다. 반대쪽으로 바꾸어 가면서 한다.

내전근 늘리기

양발을 마주 대고 앉은 자세에서 책을 발 위에 두고 읽는다.

다리 늘리기

한 다리는 앞으로 쭉 펴고 다른 다리를 구부려 위에 얹은 상태에서 책을 읽는다. 반대쪽을 바꾸어가면서 한다.

다리 벌리기

두 다리를 양옆으로 벌리고 팔굽을 바닥에 직각으로 짚은 상태로 책을 읽는다.

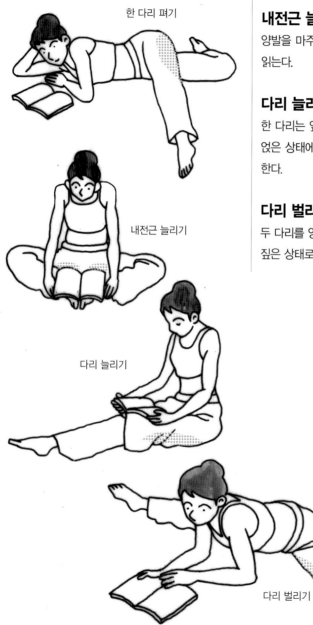

한 다리 펴기

내전근 늘리기

다리 늘리기

다리 벌리기

등 수축하기

바닥에 엎드려 두 손으로 직각으로 구부려 바닥에 대고 가슴을 약간 일으켜 세워 등을 긴장시킨 상태로 책을 읽는다. 피곤하면 완전히 엎드렸다가 다시 반복한다.

허벅지 안쪽 늘리기

무릎을 세워 양옆으로 벌린 상태에서 팔꿈치로 다리를 밖으로 밀면서 허벅지 안쪽을 늘려준다.

옆으로 누워 발끝 잡기

한 손으로 머리를 괴고 옆으로 누워 한 다리를 위로 펴고 한 손으로 발끝을 잡아 늘리면서 책을 읽는다. 반대쪽을 반복한다.

등 늘리기

쇼파나 의자에 걸터앉아 바닥에 책을 두고 상체를 깊숙이 숙이고 책을 읽는다.

등 수축하기

허벅지
안쪽 늘리기

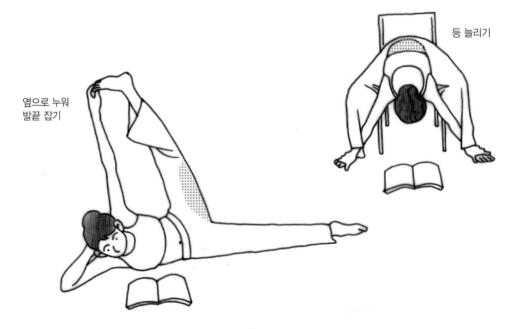

옆으로 누워
발끝 잡기

등 늘리기

164

서 있을 때 하는 스트레칭

서서 일하는 사람들이 가장 큰 부담을 느끼게 되는 부위는 허리이다. 동물 중 유일하게 걷고 움직이는 인간은 불완전한 중력으로 인해 척추를 지탱하는 데에 어려움을 겪을 수 있다.

또한 서있거나 걷는 활동은 다리로 피가 몰려 피로를 느끼기 쉽다. 따라서 오래 서서 일하는 직업을 가진 사람들은 무엇보다도 허리와 등 근육을 강화시켜 바른 자세로 몸을 지탱하는 것이 중요하며 수시로 허리 운동과 등 운동을 해주는 것이 좋다. 이 외에도 상체를 낮추어 혈액순환을 도와주는 운동을 해줄 필요가 있다.

등 누르기

다리를 벌리고 무릎을 약간 구부리고 선 자세에서 양손은 허벅지를 짚는다. 입으로 숨을 내뱉으면서 앞을 보고 등을 눌러 등 근육이 긴장되도록 한다. 다시 코로 숨을 들이마시면서 고개를 숙이고 등을 위로 한껏 밀어올리면서 일어선다. 이 동작을 반복한다.

다리 잡아 당기기

누운 자세에서 한 다리의 발을 잡고 가슴 앞으로 잡아당긴다. 이때 유연성이 좋다면 발목을 꺾어준다. 반대쪽을 반복한다.

등 누르기

다리 잡아 당기기

상체 굽히기

다리를 벌리고 선 자세에서 상체를 깊숙이 구부려 준다. 처음에는 똑바로 구부렸다가 오른발, 왼발을 잡으면서 몸을 옆으로 돌린다.

다리 앞뒤로 잡아 당기기

선 자세에서 한 다리를 구부려 가슴 앞으로 안아 당겨준다. 균형을 잡기 어려우면 책상이나 의자, 또는 작업대를 잡고 한다. 가슴 앞으로 당겨주었던 다리를 그대로 내려 뒤로 발목을 잡아 발을 엉덩이 뒤로 붙여준다. 반대쪽을 반복한다.

다리 접어 당기기

누운 자세에서 한쪽 다리는 펴고 한쪽 다리는 구부려, 편 다리 위에 올린 다음 편 다리 뒤를 잡고 가슴 앞으로 잡아당긴다. 반대쪽을 반복한다.

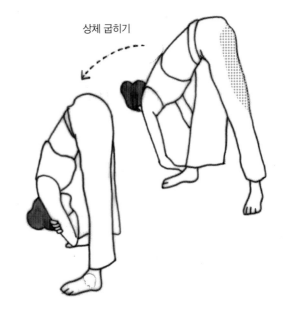

상체 굽히기

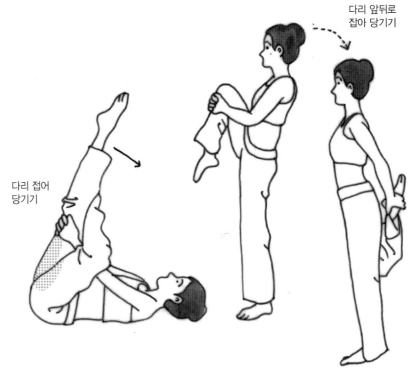

다리 앞뒤로
잡아 당기기

다리 접어
당기기

166

다리 털기

누운 상태에서 두 다리와 팔을 위로 올려 팔과 다리를 동시에 털어준다.

다리 교차하기

등을 대고 누운 자세에서 두 다리를 위로 올려 곧게 펴서 천천히 교차시켜 준다.

무릎 누르기

두 다리를 펴고 한 손은 무릎에, 다른 한 손은 발을 잡아준다. 무릎을 구부렸다 펴면서 손으로 무릎을 눌러준다. 하루 종일 피곤했던 뒷무릎과 무릎의 피로를 풀어준다. 반대쪽을 반복한다.

절 하기

엉덩이를 발위에 대고 두 무릎을 벌리고 앉은 상태에서 상체를 바닥에 엎드려 절하는 자세로 등을 쭉 펴준다.

다리 털기

다리 교차하기

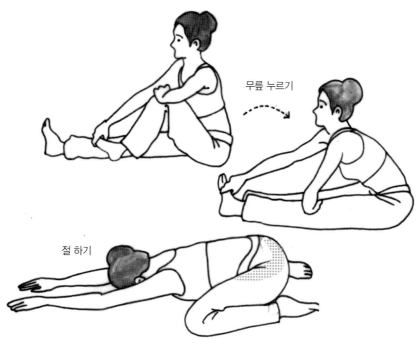

무릎 누르기

절 하기

부엌에서 하는 스트레칭

부엌일을 하는 경우에는 싱크대 앞에서 싱크대를 보조 기구로 이용하여 여러 가지 스트레칭을 할 수 있다.

설거지를 하거나 오랫동안 싱크대 앞에 서 있는 경우 한 발을 올리고 일을 할 수 있는 받침대를 마련해 놓는 것이 허리에 무리를 덜 가게 하는 방법이다. 그리고 설거지를 할 때 오른손 잡이인 경우에 의식적으로 왼손으로 그릇을 닦거나 힘을 주도록 하여 오른쪽과 왼쪽의 균형을 맞추도록 한다.

뒤꿈치 올리기

싱크대를 잡고 뒤꿈치를 올려 정지하고 있다가 내린다.

상체 비틀기

다리를 약간 벌리고 선 자세에서 두 손으로 싱크대를 한쪽으로 몸을 돌려 잡은 상태로 옆구리를 비틀어 준다.

상체 젖히기

싱크대를 두 손으로 잡고 상체를 뒤로 젖힌다.

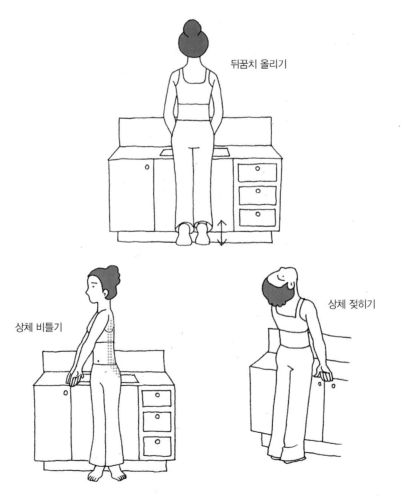

뒤꿈치 올리기

상체 비틀기

상체 젖히기

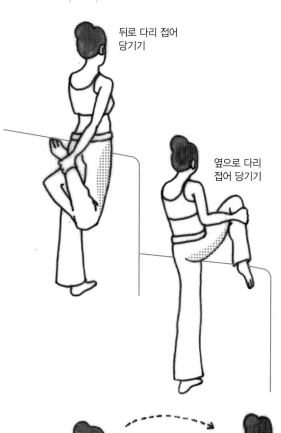

뒤로 다리 접어
당기기

옆으로 다리
접어 당기기

뒤로 다리 접어 당기기

싱크대를 잡고 다리를 뒤로 접어 같은 방향 손으로 발목을 엉덩이에 붙이도록 잡아당긴다. 반대쪽을 반복한다.

옆으로 다리 접어 당기기

싱크대를 잡고 옆으로 다리를 접어 올려서 팔로 안아 몸통에 붙이면서 잡아당긴다. 반대쪽을 반복한다.

발목 꺾기

싱크대를 잡고 한 다리를 옆으로 펴서 들고 발목을 위로 힘주어 꺾었다가 펴기를 반복한다. 반대쪽을 반복한다.

뒤로 엉덩이 빼기

두발은 어깨넓이로 벌리고 선자세에서 한쪽 무릎을 구부리면서 다른 한쪽은 편 상태로 펴있는 다리의 엉덩이를 뒤로 한껏 밀어준다. 골반과 엉덩이 뒷부분의 근육을 유연하게 해준다. 반대쪽을 반복한다.

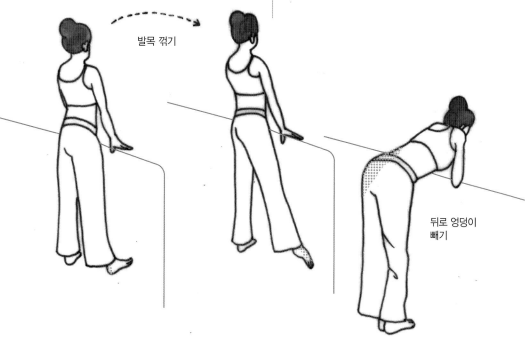

발목 꺾기

뒤로 엉덩이
빼기

찜질방에서 하는 스트레칭

대부분의 사람들이 찜질방이나 목욕 후에는 온 몸이 개운해지는 느낌이 든다고 말한다. 이는 목욕 중 하게 되는 피부의 자극과 맥반석 온돌 등에서 나오는 원적외선의 영향으로 신진대사가 원활해지면서 근육통이나 요통, 어깨 결림 등의 통증이 완화되기 때문이다.

이때 해주는 스트레칭은 혈관과 근육이 이완된 상태에서 하는 것이기 때문에 스트레칭의 효과를 충분히 볼 수 있다. 사우나는 지친 느낌이 들 정도로 오래하는 것은 오히려 몸의 역효과를 가져오기 때문에 자신의 몸 상태를 점검하면서 해주는 것이 필요하다.

앞가슴 근육 늘리기

탕 안에 앉아 두 손을 뒤로 해 탕 주변을 잡고 한 팔씩 펴면서 늘려준다.

등 늘리기

탕 바깥을 두 손으로 잡고 두 다리는 물 안에서 벽에 대고 다리와 팔을 힘껏 펴주며 등을 뒤로 동그랗게 만다.

몸 비틀기

탕 안에서 두 손으로 바닥을 짚고 두 다리를 구부려 가슴 앞으로 모은 자세로 무릎을 오른쪽 왼쪽으로 돌리면서 몸을 비틀어준다.

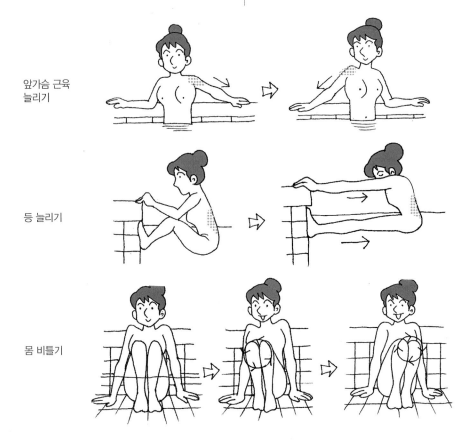

앞가슴 근육 늘리기

등 늘리기

몸 비틀기

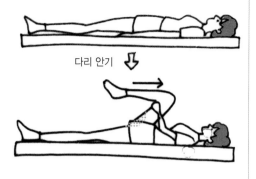

다리 안기

다리 안기

찜질방에서 누운 자세로 한 다리는 펴고 다른 한 다리는 무릎을 구부려 가슴 앞으로 안아 당긴다. 반대쪽을 반복한다.

등 굴리기

두 다리를 가슴 앞으로 모으고 안은 상태로 등을 앞뒤로 굴려준다.

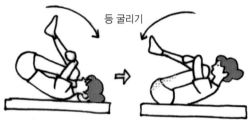

등 굴리기

상체 젖히기

누운 자세로 양반다리를 하고 발을 잡은 상태로 바닥에 누운 자세에서 등을 위로 밀어올리면서 가슴을 젖힌다.

엎드려 한 다리 뒤로 잡기

엎드린 자세로 한 다리를 뒤로 구부려 발뒤꿈치가 엉덩이에 닿도록 잡아당긴다. 반대쪽을 반복한다.

몸 비틀기

두 손을 뒤로 짚고 앉은 자세에서 한 다리는 펴고 다른 다리는 옆에 세우고 세운 다리를 반대쪽으로 넘겨 무릎이 바닥에 닿을 수 있도록 몸을 비튼다. 이때 팔은 쭉 편다. 시선은 몸이 돌아간 방향의 반대쪽을 본다. 반대쪽을 반복한다.

상체 젖히기

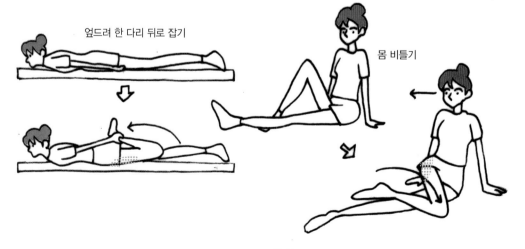

엎드려 한 다리 뒤로 잡기

몸 비틀기

오래 걸을 때 하는 스트레칭

걷는 것만큼 좋은 운동은 없다고 한다. 하지만 모든 운동에 준비운동과 정리운동이 필요하듯이 걷고 난 다음에는 스트레칭으로 근육을 풀어주어야 한다. 특히 걷고 난 후에 심한 피로를 느끼거나 걷는 것이 운동이 아닌 직업일 때는 더욱 스트레칭이 필요하다. 오래 걷는 사람은 다리의 혈액순환이 원활하지 못하게 되므로 피로가 다리 쪽으로 몰리게 된다. 따라서 몸의 하중을 가장 많이 받는 발바닥, 발가락 근육을 중점적으로 풀어주고 다리를 위쪽으로 올려 혈액순환을 원활하게 도와주는 동작을 주로 해 주어야 한다.

두 다리 올려잡기

두 다리를 몸 앞으로 구부려 앉은 자세에서 양손으로 두 발목을 잡은 후 들어 위로 완전히 편다. 균형을 잡기 어려운 경우는 벽에 등을 대고 해도 좋다.

다리 앞으로 잡아당기기

두 다리를 편 상태로 앉아서 한쪽 다리의 발을 잡고 위로 들어준다. 반대쪽 손은 뒤 바닥을 짚는다.

발목 잡고 돌리기

한 다리는 펴고 다른 다리는 구부려 편 다리 위로 올린 자세에서 발목을 잡고 안에서 바깥쪽으로, 다시 바깥쪽에서 안쪽으로 돌려준다. 반대쪽을 반복한다.

두 다리 올려잡기

다리 앞으로 잡아당기기

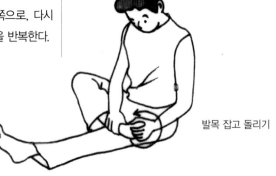

발목 잡고 돌리기

다리 벌려 잡아당기기

누운 자세에서 양 다리를 넓게 벌려 양발을 양손으로 잡고 고개는 앞으로 향한다.

다리 접고 뒤로 눕기

무릎을 약간 벌리고 다리를 접어 앉은 상태로 상체를 뒤로 넘겨 바닥에 눕는다.

다리 털고 내리기

누운 자세에서 두 다리를 위로 들어 털어주고 힘을 빼면서 툭 내려준다.

다리 벌려 잡아당기기

다리 접고 뒤로 눕기

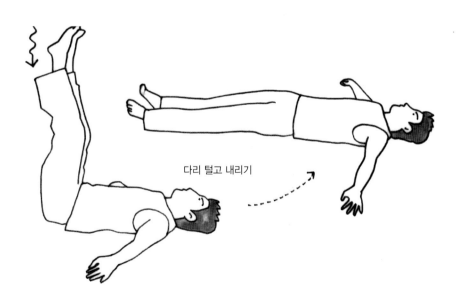

다리 털고 내리기

173

스트레스 쌓일 때
스트레칭

스트레스를 받으면 호르몬 분비에 영향을 미쳐 혈관이 수축되고 혈액의 흐름이 원활하지 못하게 된다. 이렇게 되면 가장 먼저 눈과 어깨, 목 뒤쪽으로 그 증상이 나타나게 된다.

스트레스가 쌓일 때는 무엇보다 마음을 편안하게 가지고 스트레칭을 시작하는 것이 중요하다. 편안한 마음 상태에서 온몸의 긴장을 풀어주고 목 뒤, 어깨의 근육을 이완시켜 주는 동작을 많이 해주는 것이 좋다.

팔 올렸다 내리기
숨을 들이마시면서 발끝을 들고 두 팔을 위로 들어 올렸다가 숨을 내쉬면서 상체를 깊숙이 숙이고 힘을 완전히 푼다.

한 다리 접고 옆으로 구부리기
한 다리는 접고 다른 한 다리는 옆으로 편 자세에서 상체를 편 다리 쪽으로 기울여준다. 편 다리 쪽은 다리 안쪽 바닥을 짚어준다. 반대쪽을 반복한다.

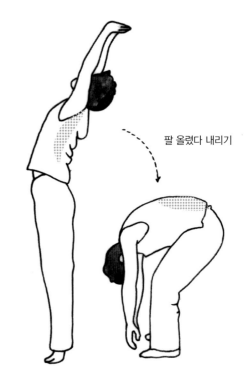

팔 올렸다 내리기

한 다리 접고 옆으로
구부리기

목 누르기

두 손으로 목 뒤를 잡고 목을 주무르고 숨을 크게 들이마시고 두 손으로 목을 받치면서 뒤로 젖힌다. 다시 숨을 내쉬면서 두 손을 깍지 껴 뒷머리를 앞으로 눌러 목이 충분히 늘어나게 한다.

한 다리 접고 앞으로 구부리기

바닥에 앉아 한 다리는 펴고 다른 한 다리는 접어서 편 다리의 넓적다리 위에 발을 얹고 두 팔을 위로 올렸다가 상체를 구부리면서 발을 잡는다. 반대쪽을 반복한다.

목 누르기

한 다리 접고 앞으로
구부리기

175

뒤로 두 다리 잡고 상체 젖히기

배를 바닥에 댄 상태로 뒤로 두 발을 잡고 다리를 힘껏 위로 잡아당겨 몸이 활 모양으로 휘게 한다.

기지개 펴기

한 다리는 펴고 한 다리는 바깥 방향으로 구부려준다. 주먹을 가볍게 쥐고 상체를 좌우로 움직이면서 기지개를 편다. 반대쪽을 반복한다.

뒤로 다리 넘겨 당기기

양팔을 가슴 옆으로 벌리고 엎드린 자세에서 한 다리를 뒤로 들어 반대쪽 손으로 잡아준 다음 잡은 손쪽으로 당겨 넘겨준다. 반대쪽을 반복한다.

상하체 동시에 들어올리기

엎드린 자세에서 두 손을 깍지 껴 앞으로 밀어준다. 이때 상체와 하체를 동시에 든다.

뒤로 두 다리 잡고 상체 젖히기

기지개 펴기

뒤로 다리넘겨 당기기

상하체 동시에 들어올리기

식사 후
식곤증을 풀어주는
스트레칭

식사 후에는 혈액이 위로 몰려 뇌 쪽으로 가는 혈액이 부족하게 되므로 식곤증 증상이 나타나게 된다. 이 때는 격렬한 운동은 피하고 상체를 낮추어 혈액의 순환을 도와주어야 하며 호흡을 통하여 신선한 공기를 많이 마시도록 한다.

1. 땅 짚고 다리 들기

두 손으로 바닥을 짚고 한 다리를 뒤로 들어올린다. 반대 다리를 반복한다.

2. 뒤로 상체 넘기기

무릎을 바닥에 세우고 앉은 자세에서 발뒤꿈치를 두 손으로 짚고 상체를 뒤로 넘긴다.

3. 뒷목 늘리기

두 손으로 머리를 감싸안듯이 하고 앞으로 눌러 준다.

4. 등 늘리기

가슴 앞에서 깍지를 까고 손을 가슴 앞으로 힘주어 밀면서 고개는 숙이고 등을 동그랗게 뒤로 민다. 다시 등을 앞으로 밀면서 팔을 위로 밀어올려준다.

전화를
받으면서 하는
스트레칭

전화를 하다 보면 통화가 길어지는 경우가 종종 있다. 이때 수화기를 들고 간단하게 할 수 있는 스트레칭으로 어깨 근육을 풀어주도록 하자. 목이나 어깨를 늘려주는 동작들은 통화 중에 충분히 활용할 수 있다.

1. 어깨 늘리기

수화기를 들지 않은 손으로 바닥을 짚고 어깨를 늘려준다. 반대쪽으로 바꾸어 가면서 해준다.

2. 어깨 젖히기

수화기를 든 손을 위로 뻗고 고개를 반대 방향으로 돌리면서 어깨를 젖혀준다. 반대쪽으로 바꾸어 가면서 해준다.

3. 목 늘리기

수화기를 목과 어깨 사이에 끼우고 다른 한 손으로 목을 눌러 목이 늘어나도록 한다. 반대쪽으로 바꾸어 가면서 해준다.

4. 가슴 젖히기

수화기를 들지 않은 손을 머리 뒤에 두고 가슴을 한껏 젖힌다. 반대쪽으로 바꾸어 가면서 해준다.

5. 다리 펴기

수화기를 들지 않은 손으로 같은 쪽 다리를 펴서 잡고 위로 당겨 올린다. 이때 반대쪽 다리는 구부려준다. 반대쪽으로 바꾸어 가면서 해준다.

Chapter 03

운동별
스트레칭

수영 전, 후 스트레칭

수영은 주로 팔과 다리를 많이 움직이는 운동이다. 물 속에 들어가면 물의 온도 때문에 근육이 수축하게 되어 굳어질 수 있다. 따라서 근육을 충분히 풀어준 뒤 물 안에 들어가도록 해야 한다. 특히, 손목, 발목, 무릎관절, 어깨와 다리의 스트레칭을 위주로 준비운동과 정리운동을 해주는 것이 좋다. 물 안에서 쥐가 나는 현상을 방지하기 위해서는 다리의 근육을 충분히 풀어주는 운동이 필요하다.

어깨돌리기

어깨를 앞에서 뒤로, 다시 뒤에서 앞으로 돌려준 뒤 팔 전체를 앞에서 뒤로, 뒤에서 앞으로 돌려준다.

어깨 누르기

한쪽 팔을 구부려 위로 들고 다른 한 손으로 팔꿈치를 뒤로 당겨 어깨를 눌러준다.

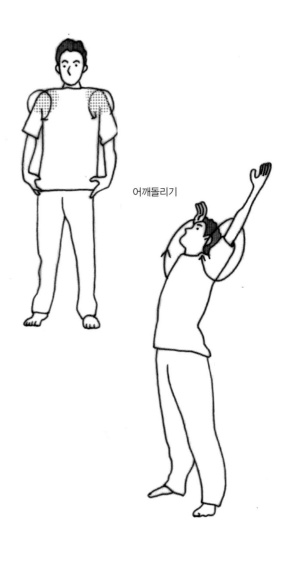

어깨돌리기

어깨 누르기

어깨 당기기

한쪽 팔을 가슴 앞으로 들고 반대쪽 손등을 그 팔뚝 위에 걸고 몸 쪽으로 잡아당긴다. 시선은 반대쪽을 본다. 반대쪽을 반복한다.

앞으로 깊숙이 숙이기

다리를 약간 벌리고 선 자세에서 상체를 앞으로 깊숙이 숙여 손으로 뒤쪽의 바닥을 짚는다.

발목 돌리기

바닥에 앉아 한 다리를 펴고 다른 다리를 구부려 그 위에 얹고 올린 다리 쪽 손으로는 무릎을 가볍게 누르고 반대쪽 손으로 발을 잡고 발목을 안에서 바깥으로, 다시 바깥에서 안쪽으로 돌려준다. 반대 발을 반복한다.

발목 꺾어 다리 들기

한쪽 다리는 펴고 다른 다리는 구부리고 앉은 자세에서 편 다리의 발끝을 같은 쪽 손으로 잡아당기면서 다리를 위로 올린다. 한 손은 무릎이 구부러지지 않게 잡아준다. 반대 다리를 반복한다.

어깨 당기기

앞으로 깊숙이 숙이기

발목 돌리기

발목 꺾어 다리 들기

자전거 타기

뒤로 손을 짚고 발을 지면에서 약간 든 상태로 자전거를 타듯이 공중에서 무릎을 구부렸다 펴준다. 발을 번갈아가면서 해준다.

앞으로 가슴 닿기

두 다리를 앞으로 곧게 펴고 앉은 자세에서 상체를 앞으로 구부려 넓적다리에 가슴이 닿도록 한다.

뒤로 기울이기

무릎을 세우고 앉은 자세에서 엉덩이를 앞으로 밀면서 뒤로 두 손을 짚어 대퇴와 골반 앞쪽 근육이 충분히 늘어나게 한다.

배 늘려주기

엎드린 자세에서 두 손으로 바닥을 짚고 상체를 든 상태에서 몸을 오른쪽 왼쪽으로 돌리면서 배를 늘려준다.

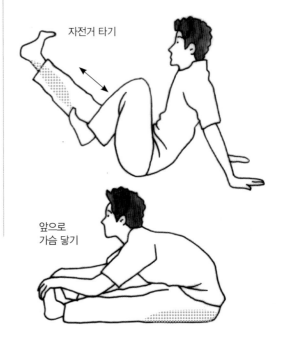

자전거 타기

앞으로
가슴 닿기

뒤로 기울이기

배 늘려주기

182

볼링 전, 후
스트레칭

볼링은 팔의 힘과 뒷다리의 유연성을 많이 요하는 운동이다. 또한 어깨와 허리 부분도 많이 쓰기 때문에 이 부분의 운동을 집중적으로 많이 해주어야 한다. 대퇴 앞, 옆의 근육을 이완시키면 이완되는 반대편은 근력이 길러지게 된다. 때문에 스트레칭으로 양쪽의 균형을 맞추어 주는 것이 좋다. 또한 옆구리, 팔 등 볼링하면서 주로 쓰게 되는 근육들을 충분히 이완시켜 준 다음 운동을 시작하는 것이 좋다.

가슴, 어깨 늘리기
뒤로 팔을 돌려 두 손바닥을 벽에 붙여 가슴과 어깨의 근육이 늘어나도록 한다. 서서히 앉았다 일어나기를 반복해주면 스트레칭의 효과가 더 커질 수 있다.

옆구리 늘리기
다리를 벌린 상태로 서서 위로 두 손을 올려 잡고 상체를 좌우로 구부려준다.

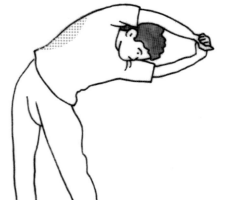

옆구리 늘리기

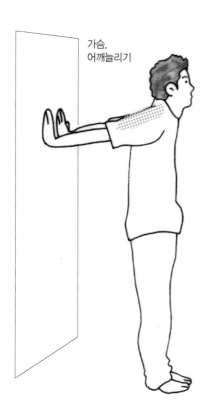

가슴,
어깨늘리기

다리 들어 안기

의자에 앉아 두 손으로 한 다리의 발을 잡고 위로 들어올려 가슴에 대퇴가 닿도록 한다. 반대쪽을 반복한다.

손목 누르기

의자 위에 손목을 뒤로 꺾어 대고 체중을 실어 눌러준다. 안쪽, 바깥쪽으로 눌러준다.

손등 누르기

의자 위에 손을 꺾어 손끝이 마주 보게 포개어 올려놓은 다음 체중을 실어 눌러준다.

발등 누르기

의자에 앉아 발등을 바닥에 대고 눌러준다. 또는 바닥에서 무릎을 구부린 자세로 발등을 눌러준다.

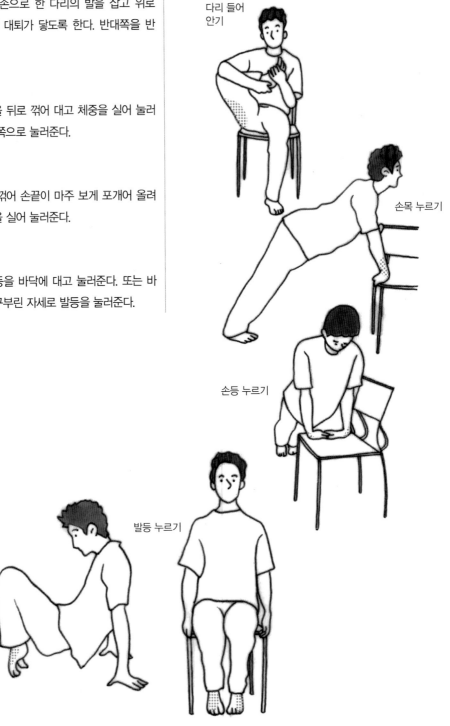

다리 들어 안기

손목 누르기

손등 누르기

발등 누르기

184

가슴 젖히기

머리 뒤에 두 손을 깍지 껴 대고 상체를 한껏 뒤로 젖힌다.

두 다리 꼬고 상체 굽히기

한 다리는 구부리고 뒷다리는 펴준 다음 상체를 앞으로 구부려 양손으로 바닥을 짚어준다 뒷다리가 충분히 늘어나도록 한다. 무릎을 바깥쪽으로 구부려 앉은 자세에서 양 발바닥을 마주 대고 손으로 무릎을 누르면서 상체를 앞으로 구부린다.

뒷다리 펴기

한 다리는 구부리고 뒷다리는 펴준 다음 상체를 앞으로 구부려 양손으로 바닥을 짚어준다. 뒷다리가 충분히 늘어나도록 한다. 반대쪽을 반복한다.

허벅지 안쪽 늘리기

무릎을 바깥쪽으로 구부려 앉은 자세에서 양 발바닥을 마주 대고 손으로 무릎을 누르면서 상체를 앞으로 구부린다.

가슴 젖히기

두 다리 꼬고
상체 굽히기

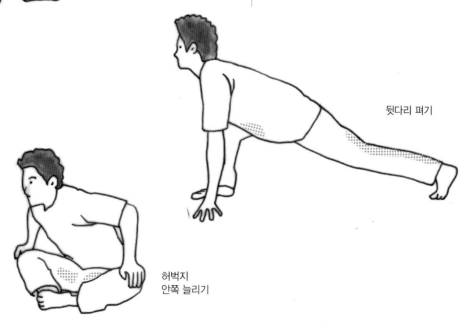

뒷다리 펴기

허벅지
안쪽 늘리기

185

당구 전, 후
스트레칭

당구는 운동량이 그렇게 크거나 많지는 않지만 때로는 공의 위치에 따라 다리와 팔, 어깨의 유연성을 상당히 요하는 자세를 잡게 된다. 따라서 충분한 유연성이 확보된 상태에서 당구를 치면 당구를 훨씬 잘 칠 수 있다.

각 관절을 부드럽게 풀어주고 대퇴와 어깨, 팔의 근육을 풀어주는 준비운동을 해준다.

목 돌리기

목을 가볍게 양옆으로 꺾어준 뒤 앞에서 뒤로, 다시 뒤에서 앞으로 돌려준다.

뒤로 어깨 늘리기

당구대 앞에서 뒤로 서서 두 손으로 당구대를 잡고 앉으면서 어깨가 충분히 늘어날 수 있도록 한다.

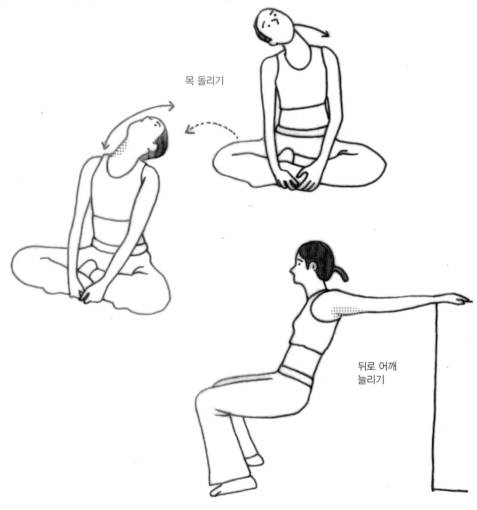

목 돌리기

뒤로 어깨
늘리기

옆구리 늘리기

옆으로 서서 한 손으로 당구대를 잡고 한 손은 머리 위로 하고 바깥쪽으로 허리를 밀면서 옆구리를 늘려 준다. 반대쪽을 반복한다.

뒷다리 늘리기

당구대를 두 손으로 짚고 한 다리는 앞으로 다른 다리는 뒤로 두고 앞다리는 구부리고 뒷다리는 펴서 늘려준다. 반대쪽을 반복한다.

뒤로 다리 잡아당기기

한 손으로 당구대를 잡고 선 자세로 손을 뒤로 돌려 같은 쪽 다리 발목을 잡고 엉덩이 쪽으로 잡아 당겨 준다. 반대쪽을 반복한다.

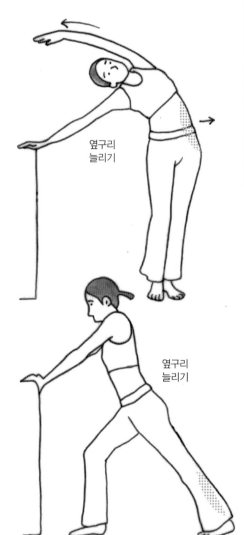

옆구리
늘리기

옆구리
늘리기

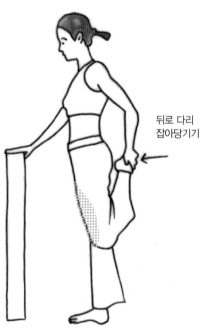

뒤로 다리
잡아당기기

테니스, 스쿼시 전, 후 스트레칭

테니스와 스쿼시는 비교적 과격한 운동이다. 볼을 쫓아 민첩하게 몸을 움직여야 하기 때문에 평상시에도 근육운동을 해주어야 하는 운동이며, 테니스를 시작하기 전에는 반드시 충분히 몸을 풀어주어 운동할 때 생길 수 있는 상해를 예방해야 한다. 특히 다리 부분의 운동을 중점적으로 해주는 것이 필요하다.

손목, 발목 늘리기

무릎 꿇고 앉은 자세에서 바닥에 손목을 꺾어 대고 힘을 실어 눌러준다. 발목도 세워 누른다. 반대쪽을 반복한다.

종아리 늘리기

벽을 잡고 한 다리는 무릎을 살짝 구부리고 다른 한 다리는 구부려서 굽힌 다리 종아리 위에 살짝 걸치고 눌러준다. 반대쪽을 반복한다.

손목, 발목 늘리기

손목, 발목 늘리기

옆으로 상체 구부리기

다리를 벌리고 선 자세에서 오른쪽 발목을 잡으면서 오른쪽으로 상체를 구부리고 다시 왼쪽 발목을 잡으면서 왼쪽으로 상체를 구부린다. 반대쪽을 반복한다.

내전근 늘리기

다리를 넓게 벌리고 직각으로 앉는다. 무릎 위에 양손을 얹고 좌우로 골반을 밀면서 넓적다리 안쪽의 근육이 늘어나도록 한다. 반대쪽을 반복한다.

안쪽 다리 늘리기

한 다리는 펴고 한 다리는 굽혀서 엉덩이가 바닥에 닿을 수 있도록 앉는다. 이때 편 쪽의 발끝을 몸 쪽으로 잡아당겨준다. 반대쪽을 반복한다.

대둔근(엉덩이 근육) 늘리기

한 다리는 몸 앞으로 구부리고 뒷다리는 뒤로 쭉 편 상태에서 상체를 앞으로 구부려준다. 이때 구부린 다리의 엉덩이 근육이 충분히 늘어나도록 한다. 반대쪽을 반복한다.

옆으로 상체
구부리기

내전근 늘리기

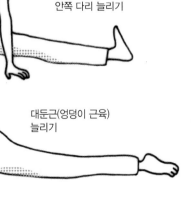

안쪽 다리 늘리기

대둔근(엉덩이 근육)
늘리기

골프 전, 후 스트레칭

골프는 단순히 걷는 운동으로 운동량이 많지 않기 때문에 특별한 준비운동이 필요없다고 생각할지 모르지만 몸이 충분히 풀려 어깨나 허리 등이 유연하지 않으면 제대로 공을 칠 수 없으며, 스코어에도 큰 영향을 미친다. 따라서 골프를 시작하기 전 충분한 준비운동으로 유연성을 증가시키면 구질이나 비거리를 내는 데 훨씬 도움을 줄 수 있다.

골프를 치기 전에 신경 써서 풀어주어야 할 신체 부위는 어깨, 허리, 팔이다. 골프를 하면서 허리나 팔, 손목 등에 부상을 입는 경우가 많다. 이러한 상해를 줄이기 위해서는 반드시 골프를 시작하기 전에 준비운동을 해주어야 하며, 골프가 끝난 후에도 정리운동을 해주어 근육의 피로를 풀어주어야 한다.

어깨 돌리기
골프채를 두 손을 넓게 벌려서 들고 앞에서 머리 뒤로 넘겨준다.

어깨 늘리기
골프채를 등 뒤에서 세워서 잡아준다. 한 손은 위, 한 손은 아래를 잡고 아래에 있는 손으로 골프채를 밑으로 당겨 준다. 반대쪽을 반복한다.

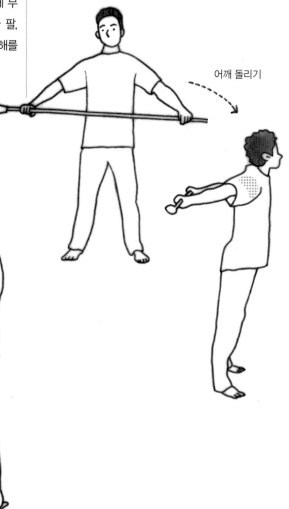

어깨 돌리기

어깨 늘리기

손목 풀기

골프채를 앞으로 들고 손목을 위 아래로 꺾어준다.

허리 굽히기

두 팔을 뒤로 뻗어 골프채를 잡고 상체를 앞으로 깊숙이 구부리고 팔은 뒤로 들어준다.

허리 돌리기

골프채를 허리에 놓고 양팔로 낀다. 골프채를 지지대로 삼고 상체를 양옆으로 비틀어 준다.

다리 늘리기

카트나 돌 위에 한 다리를 얹고 뒷다리를 쭉 펴준다. 이 때 발바닥이 바닥에서 떨어지지 않게 한다.

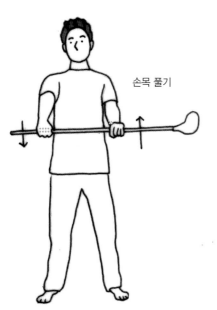

손목 풀기

허리 굽히기

허리 돌리기

다리 늘리기

발등 펴주기

카트나 돌 위에 한 다리의 발등을 올리고 무릎을 조금 굽혀 발등을 펴준다.

무릎 풀기

두 무릎을 살짝 구부렸다 펴기를 반복한다. 그런 뒤 깊숙이 앉았다 일어서서 가볍게 무릎을 뒤로 눌러준다.

발등 펴주기

무릎 풀기

발목 돌리기

두 팔로 가볍게 허리를 잡아준 한쪽 발목을 가볍게 돌려준다. 반대발을 반복한다.

상체 비틀기

어깨 너비로 다리를 벌리고 선 자세에서 몸통을 돌려 뒤를 돌아본다. 상체를 비틀면서 손은 옆구리 쪽을 잡아준다. 반대쪽을 반복한다.

손목 돌리기

양손의 주먹을 쥐고 손목을 가볍게 돌려준다.

내전근 늘리기

다리를 벌리고 선 다음 양옆으로 벌려 직각이 되게 앉아준다. 한쪽 손으로 무릎을 뒤로 밀면서 어깨를 안쪽으로 비틀어준다.

발목 돌리기

상체 비틀기

손목 돌리기

내전근 늘리기

193

달리기 전, 후 스트레칭

달리기 전후의 스트레칭은 어떠한 운동보다 중요하다. 먼저 달리기 전 가벼운 스트레칭으로 근육을 덥혀 주어 몸이 달릴 준비를 하도록 하는 것이 중요하다. 준비운동을 할 때는 한두 번 가볍게 스트레칭을 해주어야 한다. 스트레칭으로 인해 통증을 느껴서는 안된다. 또한 달리기를 끝낸 후 정리 운동 단계에서 역시 가벼운 스트레칭으로 마무리를 해준다. 이 때 근육이 뭉치기 쉬운 다리를 중점적으로 풀어주고, 어깨, 등의 스트레칭을 통해 긴장된 근육들을 이완시켜 주도록 한다.

어깨 누르기

한쪽 어깨를 누르면서 옆구리를 구부려 겨드랑이까지 충분히 늘어나게 한다. 반대쪽을 반복한다.

등 늘리기

두 팔을 머리 위로 들고 등에 힘을 주면서 앞으로 멀리 보고 천천히 상체를 구부린다. 등이 평평하게 몸과 직각이 될 때까지 내려 왔다가 무릎을 구부리면서 두 손으로 무릎을 짚고 고개를 떨어뜨리고 천천히 등을 위로 동그랗게 말아 밀어올리면서 선다.

어깨 누르기

등 늘리기

대퇴(넓적다리) 늘리기

대퇴(넓적다리) 늘리기

앉아서 한 다리는 펴고 다른 한 다리를 뒤로 구부 려 엉덩이 옆으로 놓고 상체를 뒤로 눕혀 대퇴(넓적 다리)가 충분히 늘어나게 한다. 반대쪽을 반복한다.

상체 굽히기

상체 굽히기

한 다리는 구부리고 다른 한 다리는 편 상태로 앉 아서 상체가 대퇴(넓적다리)에 닿도록 구부린다. 반대 쪽을 반복한다.

골반 늘리기

앞으로 무릎을 세우고 뒤로 손을 짚고 앉은 자세에 서 한쪽 무릎을 안쪽으로 구부려 바닥에 닿도록 한 다. 골반 앞쪽과 대퇴(넓적다리)가 충분히 늘어날 수 있도록 한다. 반대쪽을 반복한다.

골반 늘리기

서혜부 늘리기

한 다리는 앞으로 구부려 앉고 뒤쪽 다리는 뒤로 쭉 펴서 앉는다. 앞발과 무릎을 손으로 누르면서 상체 를 뒤로 한껏 젖힌다. 반대쪽을 반복한다.

서혜부 늘리기

무릎 세워 뒤로 발 잡아당기기

한쪽 다리는 무릎을 세우고 앉고 다른 다리는 뒤쪽으로 접어 발을 잡은 후 몸 쪽으로 잡아당겨준다. 반대쪽을 반복한다.

어깨 늘리기

뒤로 손을 짚고 앉은 자세로 한 어깨씩 눌러준다.

발목 늘리기

발을 깔고 앉듯이 하고 뒤로 손을 짚어 발등을 눌러주면서 발목을 늘려준다.

발목 젖히기

무릎을 세우고 앉아서 뒤꿈치는 땅에 대고 발을 잡고 위로 힘껏 젖혀준다. 이때 종아리와 아킬레스건이 충분히 늘어나도록 한다.

몸 틀어 대퇴 늘리기

옆으로 두 무릎을 접고 앉은 자세에서 몸은 다리와 반대쪽으로 돌려 뒤를 보면서 위에 놓인 다리의 발목을 같은 쪽 손으로 잡고 당겨준다. 반대쪽을 반복한다.

무릎 세워 뒤로
발 잡아당기기

어깨 늘리기

발목 늘리기

발목 젖히기

몸 틀어 대퇴 늘리기

196

등산 전, 후 스트레칭

등산은 심장과 폐 기능을 항상시키고 무릎과 관절, 허리를 강화시키는 데 좋은 운동이다. 또한 일정한 패턴으로 지속하는 것이 아니기 때문에 온몸의 근육을 골고루 이용하게 한다. 등산하기 전에도 준비운동이 필요하다. 온몸의 근육을 골고루 스트레칭해주도록 하며 특히 피로를 많이 느끼게 되는 발바닥, 발, 다리를 중심으로 스트레칭을 해준다. 이런 스트레칭은 등산을 하면서 올 수 있는 상해를 예방할 수 있다.

옆구리 늘리기

다리를 벌리고 선 자세에서 위로 팔을 들어 구부린 상태에서 팔꿈치를 한 손으로 누르면서 옆구리를 구부려 옆구리와 어깨가 충분히 늘어나게 한다. 반대쪽을 반복한다.

뒤꿈치 늘리기

돌 위 또는 계단에 발을 반만 놓고 올라서서 뒤꿈치를 아래로 누르면서 종아리와 아킬레스건이 늘어나게 한다. 반대쪽을 반복한다.

옆구리 늘리기

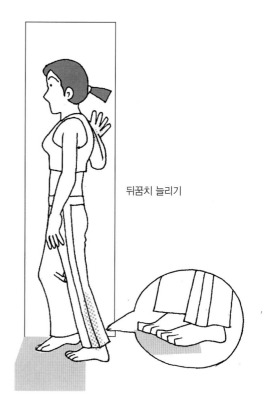

뒤꿈치 늘리기

기지개 펴기

숨을 들이마시면서 양팔을 위로 깍지 껴 쭉 뻗어주고 상체를 뒤로 젖힌다. 다시 입으로 숨을 내쉬면서 팔을 내린다.

다리 안기

한 다리를 접어 올려 두 손으로 감싸안고 가슴 앞으로 당겨준다. 반대쪽을 반복한다.

뒤로 다리 접어 당기기

한 팔은 가슴 높이에서 옆으로 들고 균형을 잡으면서 다른 한 손으로 같은 쪽 다리를 뒤로 접어 발목을 잡고 엉덩이에 붙인다. 반대쪽을 반복한다.

발목 돌리기

한 발씩 발목을 바깥에서 안쪽으로 안쪽에서 바깥쪽으로 돌려준다. 반대쪽을 반복한다.

기지개 펴기

다리 안기

뒤로 다리 접어 당기기

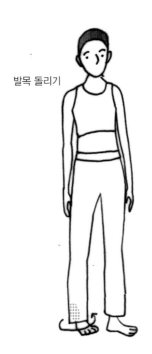

발목 돌리기

무릎 구부리고 상체 젖히기

한 발은 앞으로 다른 한 발은 뒤에 두고 무릎을 동시에 직각으로 굽힌 상태에서 두 팔을 머리 위로 쭉 뻗어올려 마주잡고 가슴을 힘껏 젖힌다. 반대쪽을 반복한다.

비복근 늘리기

다리를 앞뒤로 벌리고 선 다음 앞 무릎을 구부리고 뒷다리는 펴서 뒤꿈치를 바닥에 댄다. 종아리와 발목이 늘어나도록 한다. 반대쪽을 반복한다.

내전근 늘리기

두 손으로 바닥을 짚은 후 한 다리는 옆으로 구부리고 반대 다리는 완전히 펴서 내전근을 늘려준다. 반대쪽을 반복한다.

앞뒤로 다리 벌려 앉기

앞뒤로 다리를 편 자세에서 양손으로 균형을 잡으며 앉는다. 반대쪽을 반복한다. 유연성이 부족한 사람은 한 다리를 구부리고 뒷 다리를 쭉 편다.

무릎 구부리고
상체 젖히기

비복근
늘리기

내전근 늘리기

앞뒤로 다리
벌려 앉기

농구 전, 후 스트레칭

농구는 점프 중심의 운동으로 발목과 무릎 고관절 등에 무리가 오기 쉽다. 때문에 운동 전에 관절을 충분히 풀어주고 유연성을 늘려 주어야 한다.

먼저 농구를 하기 전 발목, 무릎의 관절을 풀어주고 많이 사용하게 되는 옆구리와 팔을 늘려주는 준비운동이 필요하다. 또한 농구가 끝난 후에는 운동으로 많이 쓰여진 부위의 근육들을 충분히 이완시켜 주는 스트레칭이 필요하다.

어깨 넘기기

손을 뒤로 깍지 껴서 잡고 상체를 앞으로 깊숙이 숙이면서 팔을 위로 올린다.

옆구리 운동

한 손은 위로 한 손은 몸 앞으로 보내준 다음 상체를 옆으로 구부려준다. 반대쪽을 반복한다.

허리 돌리기

허리 위에 손을 얹고 허리를 크게 오른쪽에서 왼쪽으로, 다시 왼쪽에서 오른쪽으로 돌려준다.

어깨 넘기기

옆구리 운동

허리 돌리기

목 운동

두 손을 깍지 껴서 머리 뒤에 대고 코로 숨을 들어마시면서 가슴을 젖혀 위를 보았다가 다시 입으로 숨을 내쉬면서 목을 앞으로 누르고 오른쪽 왼쪽으로 돌리면서 눌러준다.

목 운동

201

허벅지 늘리기

한쪽 무릎은 앞으로 내밀어 직각으로 세우고 뒷무릎은 바닥에 꿇고 앉은 자세에서 무릎을 세운 쪽으로 몸을 밀어준다. 반대쪽을 반복한다.

허벅지 안쪽 늘리기

한 무릎은 직각이 되게 구부리고 한쪽 다리는 옆으로 펴준다. 양손은 바닥을 짚고 몸을 옆으로 움직여 허벅지 안쪽을 늘려준다. 이때 편 다리의 발끝은 세워준다. 반대쪽을 반복한다.

다리 벌려 늘리기

다리를 양옆으로 벌려 앉은 자세에서 한 손은 들어올려 반대쪽 발을 잡으면서 몸을 기울이고 한 손은 아래로 내린다. 반대쪽을 반복한다.

발목 돌리기

두 다리를 펴고 뒤로 손을 짚어 편안하게 앉은 자세에서 발목을 꺾어 안쪽으로 다시 바깥쪽으로 돌려준다.

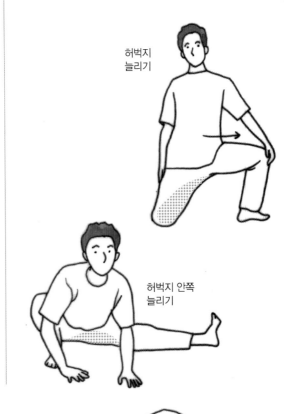

허벅지
늘리기

허벅지 안쪽
늘리기

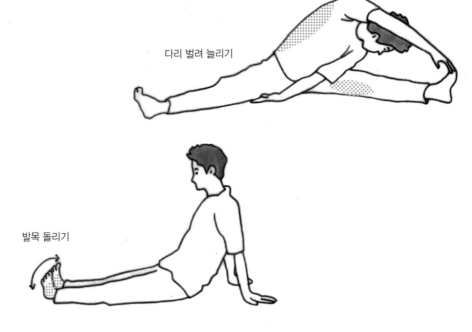

다리 벌려 늘리기

발목 돌리기

무릎 구부렸다 펴기

한 다리의 발끝을 잡고 무릎을 구부렸다 펴면서 위로 들어올린다. 반대쪽을 반복한다.

다리 가슴 앞으로 안기

한 다리는 펴고 다른 한 다리는 무릎을 바깥쪽으로 굽혀준 다음 위로 올리고 두 손으로 다리를 잡아 몸쪽으로 당겨준다. 반대쪽을 반복한다.

무릎 바닥에 대기

손을 뒤로 짚고 양 무릎을 약간 벌려 세운 자세로 한 무릎씩 안쪽으로 돌려 무릎이 바닥에 닿도록 한다. 반대쪽을 반복한다.

무릎 구부렸다 펴기

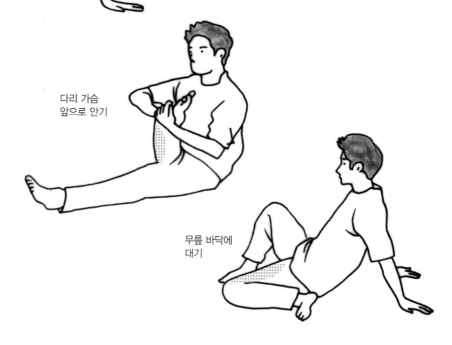

다리 가슴
앞으로 안기

무릎 바닥에
대기

축구 전, 후
스트레칭

축구는 발과 하체의 근육들을 격렬하게 사용하는 활동이다. 그러므로 넓적다리 안쪽, 뒤쪽, 엉덩이 근육, 비복근, 아킬레스건 등의 기능을 충분히 발휘하게 해주는 것이 좋다.

따라서 이러한 부분을 중점적으로 이완, 수축시키면서 스트레칭을 해주는 것이 중요하다. 또한 하체 중심의 운동이므로 몸의 균형을 맞춰주기 위해 스트레칭을 하면서 상체 운동을 함께 해주는 것이 좋다.

목 늘리기

두 팔을 뒤로 허리를 감듯이 하고 한 손으로 반대쪽 팔꿈치를 잡아당기면서 목을 당겨주는 쪽 옆으로 구부려 충분히 늘어날 수 있도록 한다.

엉덩이 늘리기

서서 한 손으로 한쪽 무릎을 가슴 앞으로 당겨 안아준다. 반대쪽을 반복한다.

옆구리 늘리기

한 다리는 펴고 다른 다리는 세운 후 세운 다리 반대쪽으로 몸을 넘겨준다. 이때 손을 쭉 펴서 옆구리가 충분히 늘어나도록 한다. 반대쪽을 반복한다.

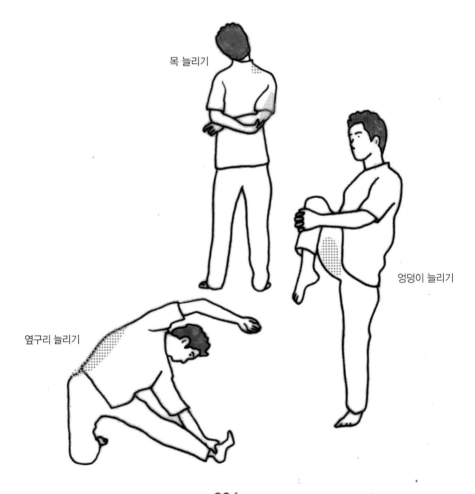

목 늘리기

엉덩이 늘리기

옆구리 늘리기

다리 접고 상체 젖히기

다리를 꼬아 구부린 상태에서 양팔을 몸 앞으로 짚고 상체를 일으켜 젖혀준다. 이때 배 근육이 충분히 늘어나게 한다.

다리 접어 당기기

앞다리는 직각으로 구부리고 뒷다리는 편 상태에서 반대쪽 팔로 발을 잡아당겨준다. 반대쪽을 반복한다.

다리 벌려 앞으로 숙이기

두 다리를 양옆으로 넓게 벌려 앉고 가슴이 바닥에 닿도록 상체를 구부린다.

상체 젖히기

엎드린 자세로 두 팔을 앞으로 짚고 상체를 들어 올린다. 들어올린 상태에서 고개를 들어 위를 본다.

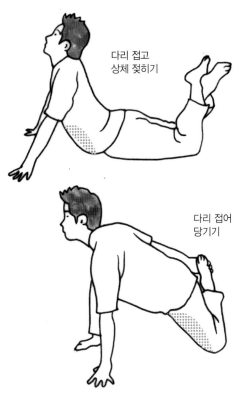

다리 접고
상체 젖히기

다리 접어
당기기

다리 벌려
앞으로 숙이기

상체 젖히기

자전거 전, 후
스트레칭

자전거를 타는 것은 관절, 발목, 무릎, 대둔근, 뒤쪽 엉덩이 근육을 많이 사용하게 하는 운동이다. 때문에 스트레칭은 이 부분을 유연하게 늘려주는 운동이 필요하다.
하체 중심의 운동이기 때문에 몸의 균형을 맞춰주기 위해 상체운동을 함께 해주도록 한다.

허리 돌리기

발을 벌리고 선 자세에서 양손을 허리 위에 얹고 허리를 오른쪽에서 왼쪽으로 다시 왼쪽에서 오른쪽으로 크게 돌려준다.

목 늘리기

선 자세에서 팔을 뒤로 하여 한 손으로 반대 팔꿈치를 잡아 당겨주면서 당기는 쪽으로 목을 구부려 늘린다.

무릎 꿇고 뒤로 상체 젖히기

무릎을 약간 벌려 꿇고 앉은 자세에서 그대로 상체를 뒤로 굽힌다.

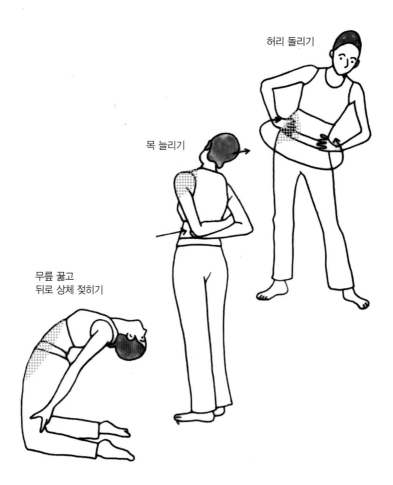

허리 돌리기

목 늘리기

무릎 꿇고
뒤로 상체 젖히기

어깨 늘리기

선 자세에서 한 팔을 쭉 펴서 가슴 앞으로 들고 반대편 팔을 걸어 몸 앞으로 당기듯 눌러 준다. 반대 쪽으로도 실시한다. 시선은 반대쪽을 본다.

몸 사선으로 늘리기

벽에 팔꿈치부터 손까지 전체를 붙이고 다리는 벽에서 조금 떨어져서 한 다리는 구부리고 한 다리는 펴어깨부터 발목까지 사선이 되도록 한다. 이때 편 다리는 뒤꿈치를 바닥에서 떨어지지 않도록 한다. 반대 쪽을 반복한다.

대퇴 늘리기

한 팔을 가슴 높이로 옆으로 펴서 들고 반대쪽 팔은 뒤로 돌려 같은 쪽 다리를 뒤로 접어 발목을 잡는다. 균형을 잡으면서 발목을 잡아당겨 엉덩이에 뒤꿈치가 닿도록 한다. 이때 무릎이 벌어지지 않도록 주의한다. 반대쪽을 반복한다.

뒷다리 늘리기

무릎을 붙이고 한 다리는 앞으로 한 다리는 뒤로 벌리고 선다. 등을 곧게 편 상태로 엉덩이를 뒤로 빼서 앞 다리를 늘려준다. 반대쪽을 반복한다.

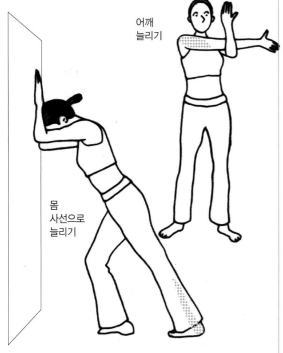

어깨 늘리기

몸 사선으로 늘리기

대퇴 늘리기

뒷다리 늘리기

스케이트, 인라인 스케이트 전, 후 스트레칭

최근 여가 활동으로 인라인 스케이트를 타는 사람이 늘어나고 있다. 인라인 스케이트 타기 전 준비운동을 익혀 두는 것이 좋다. 스케이트는 몸의 균형을 잡고 시작해야 하는 운동이므로 온몸의 근육이 모두 사용되며 그렇기 때문에 어떠한 운동보다 몸의 밸런스를 맞춰주는 스트레칭이 필요하다. 먼저 상체는 옆구리, 배, 허리 등의 유연성을 길러주고 하체운동은 대퇴(넓적다리) 앞, 뒤, 옆의 근육을 충분하게 늘려주도록 한다.

앞으로 구부리기

다리를 어깨 너비로 벌린 상태로 상체를 앞으로 깊숙이 구부려준다. 유연성이 좋은 경우에는 팔짱을 끼고 팔꿈치가 바닥에 닿는 느낌으로 구부려 등, 허리 근육과 뒷다리 근육을 충분히 늘려준다.

상체 구부려 반대 발 잡기

다리를 어깨 너비보다 조금 넓게 벌린 상태에서 팔을 양옆으로 넓게 벌려 몸을 틀면서 반대편 발에 손이 닿도록 한다. 반대쪽을 반복한다.

앞으로
구부리기

상체 구부려
반대 발 잡기

208

다리 잡아당기기

누워서 한 무릎은 세우고 다른 무릎은 펴서 가슴 쪽으로 잡아당긴다. 반대쪽을 반복한다.

어깨, 허리 늘리기

뒤로 손을 짚고 않은 자세에서 한 다리를 위로 펴서 반대쪽으로 넘겨준다. 이때 시선은 뒤로 본다. 반대쪽을 반복한다.

한 다리 접고 상체 구부리기

한다리를 접어서 발을 편 다리 넓적다리 위에 얹고 상체를 구부려 준다. 이때 두 손으로 발바닥을 잡고 발을 꺾어준다. 반대쪽을 반복한다.

어깨 늘리기

무릎을 세우고 엉덩이는 들어올린 채 앉아 팔을 앞으로 쭉 편 상태에서 어깨를 바닥에 대고 눌러준다.

다리
잡아당기기

어깨, 허리 늘리기

한 다리 접고
상체 구부리기

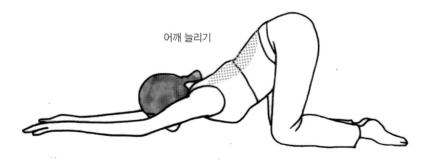

어깨 늘리기

스키, 스노보드 전, 후 스트레칭

스키와 스노보드는 겨울철 대표 운동이라 할 수 있다. 이 운동을 할 때 가장 무리가 오게 되는 곳이 무릎이다. 때문에 운동을 하기 전 스트레칭으로 무릎관절을 따뜻하게 덮혀주는 동적 운동을 해주어야 한다. 또한 대퇴(넓적다리) 안, 엉덩이 앞의 유연성을 길러 주는 운동이 필요하다. 이 운동 역시 하체 중심의 운동이기 때문에 몸의 균형을 맞춰주기 위해 옆구리의 유연성을 늘려 줄 수 있는 상체 운동이 동반되어야 한다.

발등 누르기
발등 아래에 쿠션이나 베개를 두고 무릎 꿇고 앉아 발등을 눌러준다.

쪼그려 앉기
스키나 운동화를 신은 채로 쪼그려 앉는다. 책상이나 기둥을 붙들고 뒤로 어깨를 쭉 늘리면서 쪼그려 앉는다.

허리 젖히기
허리에 손을 얹고 허리를 한껏 뒤로 젖힌다.

발등 누르기

쪼그려 앉기

허리 젖히기

210

옆구리 운동

두 손을 위로 올리고 상체를 좌, 앞, 우, 뒤로 움직인다. 다시 반대쪽으로 반복한다.

무릎 운동

무릎을 가볍게 구부렸다 펴주고 두 무릎을 동시에 오른쪽에서 왼쪽, 왼쪽에서 오른쪽으로 돌려준다.

뒷다리 펴기

두 다리를 모으고 선 상태에서 상체를 굽혀 두 손으로 바닥을 짚는다. 한 다리는 무릎을 약간 구부리고 다른 한 다리는 무릎을 완전히 편 상태로 뒤꿈치를 바닥에 완전히 붙인다. 양발을 번갈아 한다.

다리 올려 엉덩이 늘리기

의자나 바위 등 조금 높은 곳에 한쪽 발을 올려 놓고 뒷다리는 펴고 몸을 앞으로 구부려서 뒷다리와 엉덩이 부분이 충분히 늘어나도록 한다. 반대쪽을 반복한다.

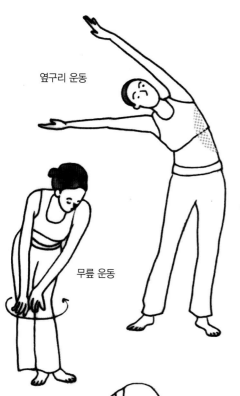

옆구리 운동

무릎 운동

뒷다리 펴기

다리 올려 엉덩이 늘리기

종양이 나타났을 때 진단을 받고 치료를 하는 것은 당연한 일.

하지만 우리의 몸은 스스로 치유하는 능력을 가지고 있으므로 어느 정도 운동이나 자세의 교정 등으로 나타나는 증상을 완화시킬 수 있다.

몸의 흐름을 원활하게 도와주고 뭉친 근육을 풀어주는 스트레칭은 몸에 나타나는 이상증상을 완화시켜 주면서

동시에 몸속의 피로물질을 밖으로 빼주어 개운한 느낌을 가질 수 있게 해준다.

지금부터 몸에 어딘가에서 통증이 느껴진다면 바로 약을 먹어서서 해당되는 동작들을 따라해 보자.

STRETCHING

증상별 스트레칭

요통

허리에 통증이 오면 대부분의 사람들이 병원에서 주사를 맞게나, 물리치료에 의존하게 된다. 하지만 이러한 치료를 하더라도 스트레칭으로 몸을 움직여주지 않으면 치료 효과는 훨씬 줄어들 수 밖에 없다. 치료를 받는 동안은 괜찮은 듯하다가 다시 통증을 느끼게 되는 것은 우리 몸의 관절과 근육이 이완되었다가 다시 수축되어 제자리로 돌아가는 성질을 갖고 있기 때문이다. 따라서 변형된 관절과 근육을 다시 제자리로 돌아오도록 하려면 물리적으로 힘을 가해주면서 올바른 운동으로 근육과 관절이 다시 제자리로 돌아올 수 있도록 해주는 것밖에는 없다.

치료와 함께 운동을 병행해 주면 그 효과는 훨씬 더 커질 수 있다.

요통은 대부분 잘못된 자세와 오른쪽, 왼쪽 또는 앞뒤의 근육의 두께의 차이 또는 변형으로 인해 오기 쉽다. 요통을 위한 스트레칭의 기본 원리는 이 대칭적인 인체의 균형을 잘 맞추는 것이다. 근육의 크기와 균형은 대단히 중요하다. 어느 한쪽의 근육이 더 발달하면 움직일 때마다 양쪽 근육의 수축력이 달라져 가벼운 일상생활로도 근육의 불균형이 심해지고, 이에 따라 자세는 점점 더 나빠지게 된다. 이런 현상을 막으려면 덜 발달된 부분의 근육을 더 발달되도록 근육운동을 해주고 여기에 덧붙여 관절과 근육이 자연스럽게 늘어날 수 있도록 이완운동을 해주는 것이 중요하다.

두 다리 구부려 안기

누워서 두 다리를 가슴 앞으로 안아 당긴다. 고개를 앞으로 숙이고 등을 동그랗게 만들어 앞뒤로 흔든다.

다리 잡고 바깥쪽으로 내리기

누워서 한 다리를 직각으로 들어올려 바깥쪽으로 돌려 바닥에 닿도록 누른다. 반대쪽을 반복한다.

누워서 발목 꺾어 옆으로 벌리기

누워서 발목을 위로 꺾고 다리에 힘을 준 상태로 옆으로 벌린다. 다시 모았다 벌리기를 반복한다.

두 다리 구부려 안기

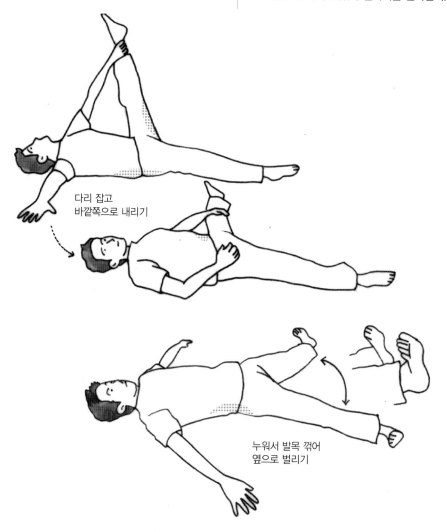

다리 잡고
바깥쪽으로 내리기

누워서 발목 꺾어
옆으로 벌리기

누워서 양옆으로 무릎 펴기

누워서 무릎을 굽히고 다리를 양옆으로 벌린 상태에서 대퇴 안쪽을 양손으로 잡고 바깥쪽으로 힘을 주면서 무릎을 편다. 골반 뒷부분과 허벅지 안쪽의 근육을 이완시킨다.

상체 반대로 돌려 바닥 잡기

똑바로 누운 자세에서 한 손을 위로 올리고 반대 손은 가슴 높이로 바닥에 댄다. 바닥에 댄 팔 쪽으로 몸통을 비튼다. 반대쪽으로 반복한다.

서서 부드럽게 허리 돌리기

양발을 약간 벌리고 선 자세에서 부드럽게 허리를 돌린다. 오른쪽에서 왼쪽, 왼쪽에서 오른쪽으로 돌린다.

누워서 양옆으로
무릎 펴기

상체 반대로 돌려
바닥 잡기

서서 부드럽게
허리 돌리기

서서 앞으로 조금씩 구부리기

두 발을 붙이고 선 자세에서 상체를 앞으로 조금씩 구부리면서 내려온다.

누워서 등 누르기

누워서 무릎을 세우고 엉덩이를 약간 올리면서 호흡을 들이마셨다가 호흡을 내쉬면서 등이 바닥에 붙도록 누른다.

무릎 펴서 위로 잡아당기기

두 무릎을 세우고 누운 자세에서 한 다리를 위로 곧게 펴서 직각이 되도록 들고 그 다리의 대퇴부를 두 손으로 잡아 몸 앞으로 당긴다. 반대쪽을 반복한다.

서서 앞으로
조금씩 구부리기

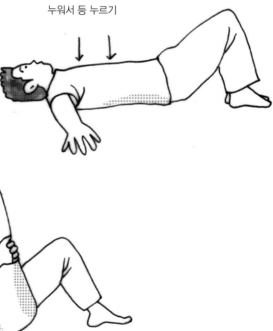

누워서 등 누르기

무릎 펴서 위로
잡아당기기

견통

인간은 항상 직립한 자세로 생활을 하므로 목과 어깨 관절에 가해지는 부담이 크다. 맞지 않는 베개나 불편한 잠자리, 익숙하지 못한 자세 등도 어깨에 통증을 유발시키는 원인. 사십견 또는 오십견이라 불리는 견관절 주위염이 바로 견통의 정식 명칭이다.

팔이 위로 올라가지 않거나 뒤로 돌아가지 않는 경우에 흔히 오십견이라고 말하는데, 사실 오십견은 병명이라기보다는 어깨 관절 주위의 질병에 의하여 나타나는 증상을 지칭하는 말이다. 주된 증상은 어깨 관절의 통증과 경직으로 인한 운동장애다. 팔을 밖으로 돌릴 때 통증이 심하게 나타나고 특히 야간에 통증이 심하여 옆으로 잠을 자기가 곤란하거나 잠을 깨게 되며, 심한 경우에는 머리 빗기, 상의를 입고 벗기, 수저를 드는 동작조차 곤란해지게 된다. 그대로 방치하면 통증은 덜해지나 어깨가 굳어져서 일정 각도 이상 움직이지 못하게 되며, 근육이 심하게 위축되면 치료가 곤란해지는 경우도 발생한다.

견통의 가장 큰 원인은 잘못된 자세와 스트레스다. 어깨가 아프다고 호소하는 사람들일 수록 어깨를 움직이려고 하지 않는데, 그것이 증상을 더 악화시킬 수 있다. 따라서 아프더라도 자신이 움직일 수 있는 범위 내에서 조금씩 계속 운동을 해 주어야 한다.

오십견은 처음 급성기를 지나면 저절로 회복이 되기도 하지만 어느 정도의 운동제한과 장애는 남기 때문에 항상 어깨관절이 정상 범위 안에서 움직일 수 있도록 가벼운 운동을 하는 것이 최선의 예방법이다.

목 옆으로 누르기

편안하게 앉아 한 팔은 내리고 한 손으로는 귀 위 쪽 머리를 잡아 준다. 잡은 손 쪽으로 머리를 당겨 누른다.

의자에 팔 얹고 어깨 누르기

팔을 구부려 의자 위에 얹고 무릎을 구부려 앉은 뒤 어깨를 누른다.

어깨 뒤로 젖혀 팔꿈치 누르기

똑바로 앉은 자세에서 한 팔을 구부려 뒤로 젖히고 반대쪽 손으로 팔꿈치를 뒤로 민다. 반대쪽으로 반복한다.

뒤로 물건 잡고 앉기

책상이나 의자 등을 뒤로 잡고 두 무릎을 구부려 앉았다 일어서기를 반복한다.

목 옆으로
누르기

의자에 팔 얹고
어깨 누르기

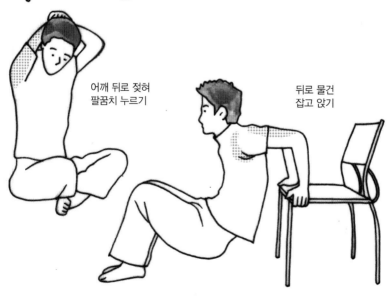

어깨 뒤로 젖혀
팔꿈치 누르기

뒤로 물건
잡고 앉기

뒤로 어깨 늘리기

뒤로 팔을 펴서 짚고 두 무릎을 세우고 앉아 한쪽으로 무릎을 쓰러뜨리면서 몸을 비틀어 반대쪽 어깨를 늘려준다. 반대쪽을 반복한다.

뒤로 다리 잡고 천장 보기

엎드려서 한 팔은 옆으로 펴고 반대 손으로 같은 쪽 발을 뒤로 잡아당겨 잡은 상태로 돌려 천장을 본다. 반대쪽을 반복한다.

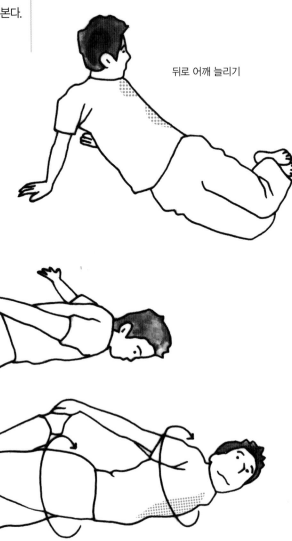

뒤로 어깨 늘리기

뒤로 다리 잡고
천장 보기

220

어깨 돌리기

팔꿈치를 구부려 어깨를 앞에서 뒤로, 다시 뒤에서 앞으로 돌린다.

팔 돌리기

팔 전체를 앞에서 뒤로, 다시 뒤에서 앞으로 돌린다. 반대쪽을 반복한다.

등 뒤 손 마주 잡기

편안하게 앉은 자세에서 한 손은 위로 올리고 한 손은 아래 등 뒤로 보내서 마주 잡는다. 등을 곧게 펴주고 어깨의 유연성을 증가시켜 준다. 반대쪽을 반복한다.

어깨 돌리기

팔 돌리기

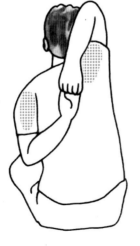

등 뒤 손 마주 잡기

221

좌골신경통

좌골신경통은 허리에서부터 다리에 걸쳐 오는 심한 통증을 말한다. 대체로 오래 앉아있어야 하는 사무직 직장인이나 운전 기사들에게 많이 나타난다. 좌골신경통의 원인은 허리뼈의 추간판이 바깥쪽으로 튀어나와 좌골신경을 자극하는 추간판탈출증(디스크)에 의한 것과, 신경염 등 좌골신경 자체에 문제가 생긴 경우 등 크게 두 가지로 나누어 볼 수 있다.

대체로 다리의 뒷부분 또는 발등, 발바닥에 걸쳐 통증이 나타나며 기침을 할 때 다리를 펴거나 구부릴 때는 통증을 느끼게 된다. 디스크에 의한 좌골신경통의 경우는 압박된 신경 위치에 따라 좌골신경이 기능장애를 보이기도 한다. 좌골신경염에 의한 경우는 신경통이 일어나기 전에 편도선염 등 감기에 걸렸을 때 갑자기 통증을 느끼지만 허리에는 통증이 없는 것이 특징이다. 이런 증상은 자세의 불량에서 오는 경우가 많으므로 좌우의 균형을 잘 맞추고 바른 자세로 생활하는 것이 가장 중요하다.

한쪽씩 엉덩이 뒤로 밀기
발을 약간 벌리고 무릎을 살짝 구부린 자세에서 한쪽 엉덩이를 뒤로 힘주어 뺀다. 반대쪽을 반복한다.

상체 옆으로 구부리기
팔을 위로 들고 두 다리를 꼬아 서서 앞으로 높은 발의 반대 방향으로 상체를 구부린다. 반대쪽을 반복한다.

한쪽씩 엉덩이
뒤로 밀기

상체 옆으로
구부리기

앉아서 발끝 잡아당기기

두 다리를 앞으로 쭉 펴고 앉아서 상체를 조금씩 앞으로 구부린다. 유연성이 좋다면 발끝을 잡아 당겨준다.

무릎 세워 옆으로 밀기

한 무릎은 옆으로 다른 무릎은 뒤로 세워 앉은 자세에서 옆으로 세운 무릎을 옆으로 밀어준다. 다시 제자리로 돌아와 밀면서 팔을 미는 다리 쪽을 빗겨 앞으로 멀리 들어준다. 반대쪽을 반복한다.

무릎 세워 반대쪽으로 몸 넘기기

한 무릎을 옆으로 직각으로 구부려 세우고 반대 다리는 옆으로 쭉 펴서 뒤꿈치를 바닥에 대고 발끝을 세운다. 편 다리의 반대 쪽 팔을 위로 올린 다음 몸을 편 다리 쪽으로 구부려 준다. 반대쪽을 반복한다.

앉아서 발끝
잡아당기기

무릎 세워
옆으로 밀기

무릎 세워
반대쪽으로
몸 넘기기

뒤다리 발목 당기기

앞뒤로 무릎을 세우고 앉은 자세에서 뒤쪽 다리를 펴서 같은 방향의 손으로 잡아 몸 쪽으로 당겨준다. 반대쪽을 반복한다.

무릎 밀면서 손 합장하기

앞으로 무릎을 직각으로 세우고 무릎을 밀어주면서 양손은 머리 위로 쭉 펴서 올려 합장하고 고개는 위로 젖혀준다. 반대쪽을 반복한다.

앞뒤로 무릎 세워 밀기

무릎을 앞뒤 직각으로 세우고 무릎을 앞으로 밀어준다. 반대쪽을 반복한다.

뒤다리 발목
당기기

무릎 밀면서
손 합장하기

앞뒤로 무릎
세워 밀기

생리불순,
생리통

생리 중에는 몸 안에서 호르몬, 신경, 혈액 등 여러 가지 생리적인 변화가 일어나기 때문에 정신적으로나 육체적으로 어느 정도 불편한 증세가 나타나는 것이 자연적인 현상이다. 또한, 정도의 차이는 있지만 생리 때가 가까워지면 누구나 신경이 예민해지게 된다.

특히 사춘기 이후 성숙기에 이르는 10대 여성은 생리적으로 난소나 자궁이 발육과정에 있고 생식 기능이 미숙한 단계에 있으므로 월경곤란증 즉, 월경통을 일으키는 경우가 많다. 통계적으로도 월경통은 연령적으로 초경 이후부터 18세 전후까지의 기간에 많고 그 후 점차 가벼워지며 결혼하여 임신과 분만을 겪으면 대부분 없어진다. 하지만 과거에 월경통을 느끼지 않았거나 분만경험이 있는 여성이 갑자기 생리통이 생기고 계속해서 그 통증이 점차 심해지면 이는 자궁근종이나 자궁내막증과 같은 병적인 증상을 의심해 볼 수 있으므로 초음파 검사 등 자세한 진찰을 받아 보는 것이 좋다.

월경통의 증상은 사람에 따라 다르지만 대체로 아랫배의 통증, 허리의 통증이다. 이러한 증상들은 월경기가 되면 많은 양의 피와 수분이 골반 내의 장기로 몰려들어 전신의 혈액과 수분의 흐름이 원활하게 이루어지지 못하기 때문이다. 따라서 생리기간 중에는 과로를 피하고 소화에 부담이 없는 음식을 섭취하고 정신적으로 긴장하거나 흥분하지 말고 몸을 따뜻하게 하여 기혈이 원활하게 순환되도록 도와주는 것이 좋다. 또한 골반 주위의 근육을 이완시켜 편안한 느낌이 들도록 하고 허리와 골반 주위에 혈액의 흐름이 원활해지도록 스트레칭을 해주게 되면 생리통의 완화에 도움을 줄수 있다.

225

뒤로 상체 젖히기

서서 두 손을 머리 위로 꼬아 들고 상체를 뒤로 젖힌다.

사선으로 상체 젖히기

서서 한 손을 아래로 다른 한 손은 위로 들고 위로 든 팔 쪽으로 옆구리가 늘어나도록 사선으로 상체를 젖힌다. 반대쪽을 반복한다.

다리 벌려 골반 밀어올리기

누운 자세에서 무릎을 세운 후 두 손으로 발을 잡고 골반을 위로 밀어올린다.

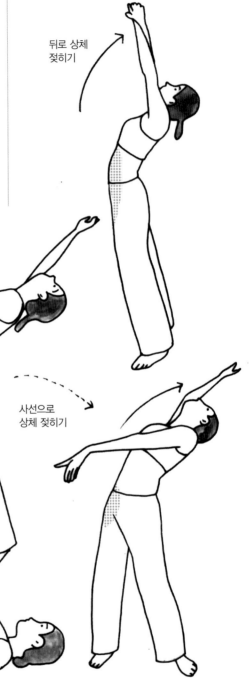

뒤로 상체
젖히기

사선으로
상체 젖히기

다리 벌려 골반
밀어올리기

226

무릎 세워 상체 뒤로 넘기기

무릎을 약간 벌리고 무릎을 세우고 앉은 상태에서 뒤로 손을 보내 뒤꿈치를 잡는다. 그대로 상체를 뒤로 넘겨 배가 당겨지도록 한다.

상체 비틀기

한 발을 구부리고 위로 다른 다리를 구부려 세운 자세로 앉는다. 반대 팔로 발목을 잡고 구부린 다리를 몸 쪽으로 밀어주면서 상체를 비틀어 준다. 반대쪽을 반복한다.

허리 밀어올리기

누운 자세에서 무릎을 세우고 두 손으로 허리를 받치고 엉덩이를 위로 한껏 밀어올린다.

무릎 세워 상체
뒤로 넘기기

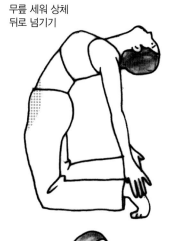

상체 비틀기

허리 밀어올리기

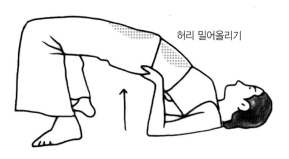

변비

대변보는 횟수가 일주일에 2회 이하이거나, 대변의 무게가 하루 30~35g 이하일 경우, 배변 4회 중 1회 이상 딱딱하고 굵은 변이 나오는 경우, 배변 4회 중 1회 이상에서 과도한 힘이 필요하거나, 배변 후 변이 남아 있는 듯한 느낌이 드는 경우 등 다섯 가지 사항 중 두 가지 이상이 3개월 이상 지속되는 경우를 '변비 (Constipation)'라고 한다.

변비의 원인은 다양하지만 대부분 단순한 기능적 이상으로 오는 경우가 많다. 대변을 보고 싶어도 참아 버리는 습관이나 운동부족, 스트레스, 불규칙한 생활, 섬유질이 부족한 식사, 무리한 다이어트, 관장, 좌약, 하제 등을 습관적으로 사용함으로써 배변행위에 리듬을 깨는 경우 결국 변비로 발전하게 된다. 물론 기질적 배변 장애를 가진 경우도 있다. 하지만 기질적이거나 선천적인 요인이 아니라면 일상적인 생활의 변화로 변비는 얼마든지 그 증상을 완화시킬 수 있다. 특히 운동은 변비를 해소시킬 수 있는 최상의 방법이다.

우리 몸 속에 있는 노폐물이나 독소는 장의 기능을 나쁘게 하여 변비를 일으키는 원인이 되므로 조깅, 산책 등의 유산소 운동을 통해 땀으로 내보내야 한다. 복부와 허리 근육을 발달시키는 운동은 대장의 운동을 활발하게 해주며, 항문괄약근에 힘을 주는 케겔운동은 골반이나 항문근육의 이상 때문에 생긴 변비에 도움이 되므로 수시로 해주면 좋다.

또한 하체기능이 떨어지고 차가워지면 쉽게 변비가 오므로 항상 배를 따뜻하게 해주고 맛사지를 해주는 것도 변비 예방과 치료에 도움이 된다.

신체의 위치를 바꿔주거나 복부의 근육을 강화하여 복부 내압을 올려주거나 스트레칭으로 근육을 늘려주는 동작 등으로 자극을 주게 되면 변비 해소에 큰 효과를 거둘 수 있다.

상체 뒤로 넘기기

무릎을 세우고 앉은 자세에서 양손을 대퇴(넓적다리) 위에 가볍게 얹고 상체를 뒤로 젖힌다. 아랫배가 늘어날 수 있도록 한다.

배 위아래로 쓸어내리기

우측 갈비뼈 아랫부분에 손바닥 끝부분을 얹고 두 손을 겹친다. 위에서 아래로 배를 힘주어 쓸어내린다.

배꼽 주위 누르기

누워서 배꼽 주위 1인치 가량 떨어진 부분을 검지와 중자를 세워서 두 손으로 깊숙이 누른다. 숨을 한껏 들이마셨다가 내쉬면서 눌러준다. 배꼽 2 중심으로 위·옆·아래·옆으로 눌러준다

상체 뒤로
넘기기

배 위아래로
쓸어내리기

배꼽 주위
누르기

229

엎드려 몸통 흔들기

손바닥을 바닥에 대고 엎드린 자세에서 배에 힘을 빼고 아래로 늘어뜨린 채 몸통을 양옆으로 흔든다.

거꾸로 서기

벽에 대고 서도 좋고 스스로 서도 좋다. 머리와 두 손이 삼각형을 이루도록 손바닥을 바닥에 대고 다리를 차서 위로 올려 거꾸로 선다. 배에 힘을 빼서 장이 늘어지도록 한다.

거꾸로 서기

엎드려 몸통
흔들기

230

한 다리 접어 상체 구부리기

한 다리는 펴고 다른 한 다리를 넓적다리 위로 접어 올려 뒤꿈치를 몸 가까이 놓는다. 배부터 접으면서 상체를 구부려 올린 발의 뒤꿈치가 배에 자극이 되도록 하면서 상체를 앞으로 굽힌다.

활 모양 만들기

엎드려 뒤로 양발을 잡아 몸이 활처럼 휘어지도록 하고 앞뒤로 몸을 굴리듯이 움직이면서 배에 자극이 되도록 한다.

몸 비틀기

한 다리는 쭉 펴고 다른 다리는 구부려 위로 세운다. 위로 세운 다리를 반대편 팔로 몸 가까이 꽉 안으면서 상체를 비틀어 준다. 반대쪽을 반복한다.

한 다리 접어
상체 구부리기

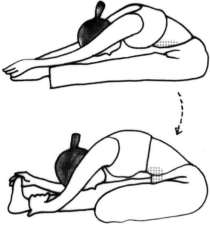

활 모양 만들기

몸 비틀기

231

요실금

소변은 신장에서 만들어져 방광에 모이게 되는데 이때 소변이 새지 않는 이유는 요도의 압력이 방광 내의 압력보다 높기 때문이다. 상부 요도는 갑작스러운 복압의 상승에도 소변이 새지 않게 막아주는 역할을 담당하고 있다. 그러나 방광경부와 요도가 질강 쪽으로 늘어지게 되면 소변이 요도를 통하여 흘러나오게 되는데 이를 요실금이라고 한다.

순수한 긴장성 요실금의 증상은 대개 간단하다. 기침을 하거나 웃거나 뛰거나 에어로빅 같은 운동을 할 때, 심한 경우는 무거운 물건을 들거나 걷거나 또는 몸을 뒤척일 때 등과 같이 배에 힘이 들어감과 동시에 소변이 흘러나오게 된다.

또한 분만이나 노령으로 오게 되는 경우가 많다. 이런 증상에는 질 주변 근육의 탄성을 높여주고 질 근육의 조임을 강하게 만들어주면 효과를 볼 수 있다. 이를 도와줄 수 있는 대표적인 운동으로 질 근육을 강화시켜주는 케겔 운동이 있으며, 질 근육의 수축과 이완을 되풀이해 줌으로써 질 근육 부위의 탄성을 증가시켜 줄 수 있는 스트레칭을 해줄 필요가 있다.

다리 벌렸다 모으기

누운 자세에서 양발을 마주 대고 무릎을 양옆으로 벌린다. 발바닥끼리 마주 대서 바닥에 붙이듯이 하면서 양 무릎을 힘주어서 위로 모은다.

다리 벌렸다
모으기

232

무릎 세워 모으기

다리를 약간 벌리고 양 무릎을 세우고 눕는다. 엉덩이를 들어 몸을 공중에 띄운 자세로 무릎에 힘을 주어 두 무릎이 붙도록 한다. 엉덩이를 수축하는 힘으로 무릎이 모아지도록 한다.

허리 밀어올리기

무릎을 세우고 누운 자세에서 엉덩이와 배에 힘을 주면서 허리를 밀어올려 배, 등이 천장을 향해 밀어올려지도록 한다.

다리 옆으로 넘기기

뒤로 양 팔꿈치를 짚고 누운 자세에서 두 다리를 펴서 올린 다음 오른쪽 왼쪽으로 움직여 허리 아랫부분이 자극이 되도록 한다. 반대쪽을 반복한다.

다리 넘기기

양팔을 어깨 높이로 양옆으로 벌리고 다리를 쭉 펴고 누운 자세에서 한 다리를 들어 반대쪽으로 넘긴다. 이때 머리는 넘긴 다리의 반대쪽으로 돌려준다. 반대쪽을 반복한다.

케겔 운동

항문 근육을 5~10초간 서서히 수축시켰다가 10초 정도 쉬는 동작 10~20회 반복한다.

무릎 세워 모으기

허리 밀어올리기

다리 옆으로 넘기기

다리 넘기기

케겔 운동

233

두통

요즘 생활에서 한 번쯤 두통을 경험하지 않은 사람이 없을 정도로, 오늘날 두통은 흔한 현대병의 하나이다. 두통은 머릿속 질환, 전신장애, 눈이나 코 등의 국소질환에 의한 것이 아닌 경우는 대부분이 스트레스와 관련하여 나타난다. 가장 흔한 형태의 두통은 혈관성 두통(편두통), 근육 긴장성 두통(긴장성 두통), 신경성 두통(망상형, 히스테리성, 심기증 형)으로 크게 나눌 수 있다.

두통은 어느 한 가지의 치료에 의하여 치유될 수 있는 하나의 질환단위가 아니라 그 원인이 다양하고 또 복잡하게 얽혀 있는 하나의 증상이라고 할 수 있다. 그러나 일상생활에서 오는 스트레스로 생기는 긴장성 두통이나 편두통인 경우에는 머리로 전달되는 혈류의 흐름을 원활하게 하고 목과 어깨 주위의 근육을 풀어줌으로써 증상을 많이 완화시킬 수 있다. 또한 눈의 피로를 풀어 증상을 해소할 수 있다.

목 누르기

양손을 깍지 껴서 머리 뒤에 대고 목을 앞으로 눌러 뒷목이 늘어나도록 한다.

머리 누르기

두 손으로 머리를 앞뒤로 감싸듯이 대고 안으로 눌러준다. 다시 옆으로 감싸듯이 하면서 눌러준다.

목 누르기

머리 누르기

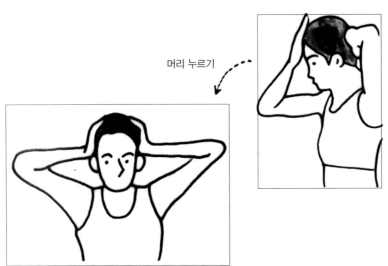

234

관자놀이 누르기

양손으로 눈썹 끝과 귀 윗부분의 연결 선의 가운데 지점에 움푹 들어간 지점을 꼭 누르면서 비벼준다.

귀 뒤 누르기

귀 뒤에 움푹 들어간 부분을 양손 검지로 힘주어 눌러준다.

머리 좌우로 움직이기

머리를 뒤로 젖혔다가 좌우로 움직여준다.

관자놀이 누르기

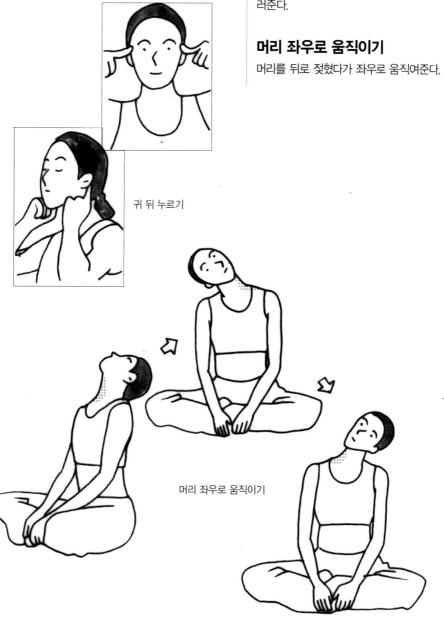

귀 뒤 누르기

머리 좌우로 움직이기

235

눈의 피로

과다한 업무, 만성 피로감, 하루 종일 컴퓨터 앞에 앉아 있는 생활, 스트레스, 이러한 것들이 눈의 피로를 가져오게 되는 주 요인들이다. 오전에는 증상이 나타나지 않다가 오후가 되면서 점점 눈의 피로가 심해지는 것도 이러한 요인에 의한 것이다.

눈의 피로나 충혈은 아주 흔하고도 포괄적인 증상이라고 할 수 있다. 눈의 피로가 잘못된 시력 교정이나 염증, 눈썹이 눈을 찌르거나 눈의 피부 또는 결막에 염증이 있거나 하는 경우로 생길 때에는 그 원인을 제거하는 것이 가장 중요하다.

그러나 눈에 특별한 이상 증상을 나타내지 않으면서 눈이 피로하다고 하는 경우는 앞서 설명했듯이 일상생활에서 업무가 과다한 경우나 신경을 많이 쓰는 일이 있는 경우가 많다. 또한 스트레스를 많이 받게 되는 경우에도 이렇게 눈의 피로를 호소한다. 이러한 경우에는 간단한 눈 체조를 통해서 눈의 피로를 피할 수 있다. 눈 운동이나 맛사지 역시 양쪽 방향으로 모두 균형 있게 해주어야 한다.

눈의 피로가 나타나면 두통의 증상도 함께 오는 경우가 대부분이다. 따라서 눈의 피로를 풀어주면 자연스럽게 두통도 완화시킬 수 있는 효과도 가져온다.

눈동자 누르기

한 손으로 머리 뒤 후두부를 받치고 다른 한 손의 엄지와 검지를 이용하여 두 눈의 눈꺼풀을 지그시 누르면서 비벼준다. 눈에 염증이 있는 경우에는 하지 않도록 한다.

눈 돌리기

눈을 좌에서 우로 다시 우에서 좌로 돌려준다.

눈 돌리기

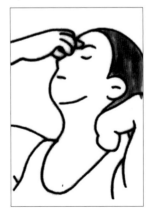

눈동자 누르기

236

눈 양옆으로 보기

턱을 우측으로 돌려 어깨에 가까이 닿는다는 느낌으로 목을 돌리고 눈은 반대쪽으로 째려 보듯이 돌려준다.

눈 위아래로 보기

목을 아래로 내리면서 눈을 위로 치켜뜨고 위를 보고 다시 목을 뒤로 젖히고 눈을 아래로 내리깔아 코끝을 응시한다.

눈 앞 누르기

눈을 감고 엄지를 이용해 눈 앞을 지그시 눌러준다.

눈 양옆으로 보기

눈 위아래로 보기

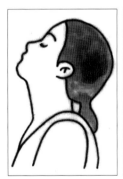

눈 앞 누르기

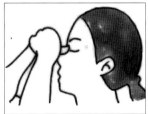

만성피로
증후군

만성피로 증후군이란 일상생활에 심각한 차질을 빚을 정도로 피곤하고 피로감이 반복되는 병으로 의사로부터 엄격한 진단을 받고 기준을 모두 만족해야 비로소 병명이 내려진다.

만성피로 증후군은 아직 뚜렷한 원인이 밝혀지지 않았지만 바이러스와 세균, 곰팡이 등 감염으로 인해 인체의 면역기능이 비정상적으로 활성화되고 그로

인해 생긴 면역물질과 화학물질이 뇌에 영향을 줘서 발병한다는 것이 일반적인 설명이다. 최근에는 이를 어느 정도 입증하는 증거가 제시되기도 했다. 인체가 바이러스에 감염됨으로써 생긴다고 설명하지만 이런 가설로는 모든 만성 피로 증후군의 증상을 설명하지는 못하는 것으로 알려져 있다.

가령 극심한 스트레스에 지속적으로 노출될 경우에도 이 증상이 나타나는데 이 경우 면역기능 장애로 설명할 수 없다는 이유 때문에 신체적인 병이냐, 정신적인 병이냐에 대해서는 아직 의견이 분분한 상황이다. 혹 증상이 의심된다면 다음을 참고해보자.

①	만성피로가 6개월 이상 지속된다.
②	병원검사에서 특별한 이상이 발견되지 않는다.
③	피로 때문에 업무와 학습 능력이 크게 떨어진다.
④	피로 때문에 업무와 학습 능력이 크게 떨어진다.

1	기억력 집중력의 저하
2	목의 통증(인후통)
3	최근 생긴 새로운 두통
4	목과 겨드랑이의 임파선 통증
5	근육통
6	관절통
7	운동 후 하루 이상의 심한 피로감
8	잠을 잔 뒤 상쾌하지 않은 느낌

위의 4가지 항목이 모두 해당된다면 만성피로 증후군의 가능성이 있으므로 세부항목을 다시 체크해야 한다

위의 항목 중 4개 이상의 증상이 6개월 이상 지속됐다면 만성피로 증후군으로 볼 수 있다

기지개 켜기

상체 뒤로
젖히기

상체 앞으로
굽히기

다리 벌려
상체 옆으로
구부리기

다리 벌려 앉아
어깨 누르기

기지개 켜기

서서 양팔을 위로 깍지 껴 힘껏 위로 밀어올려 준 다음 좌우로 어깨를 움직이면서 어깨의 관절을 부드럽게 해준다.

상체 뒤로 젖히기

다리를 벌리고 선 자세에서 팔을 앞으로 꼬아준다. 자세 그대로 자신의 능력에 맞도록 상체를 뒤로 젖혀준다.

상체 앞으로 굽히기

다리를 벌린 상태에서 상체를 앞으로 깊숙이 구부려 준다.

다리 벌려 상체 옆으로 구부리기

다리를 넓게 벌리고 선 자세에서 팔을 어깨 높이로 들고 상체를 옆으로 구부려 한 손이 발에 닿도록 한다. 반대쪽을 반복한다.

다리 벌려 앉아 어깨 누르기

양옆으로 넓게 다리를 벌리고 직각으로 앉은 자세에서 양손으로 무릎을 짚고 한 손으로 무릎을 뒤로 밀면서 어깨를 안으로 눌러준다. 반대쪽을 반복한다.

퇴행성 골관절염

퇴행성관절염은 관절을 구성하는 여러 가지 성분 중에서 연골과 그 주위의 뼈에 퇴행성 변화가 나타나서 생기는 증상이다. 주로 체중을 많이 받는 무릎 관절, 엉덩이 관절 등에 심한 통증이 나타나고 움직이기가 힘들어지며 오랫동안 방치할 경우 관절의 변형까지 초래하는 흔한 관절 질환이다.

관절은 관절 연골(물렁뼈)과 주위의 뼈, 관절을 싸고 있는 막으로 구성되는데, 나이가 들면서 나타나는 퇴행성 변화는 관절 연골에서 시작된다. 연골을 구성하는 성분을 만들어 내는 연골 세포가 나이를 먹으면서 그 기능이 떨어져서 연골의 탄력성이 없어져 외부의 충격으로부터 관절을 보호하는 능력이 약해짐으로써 퇴행성 관절이 진행되어진다. 과거에는 단순히 나이가 들어서 발생하는 노화 현상으로 생각하였으나 현재는 여러 가지 원인이 있는 것으로 알려져 있다.

즉 연령, 유전적 성향, 비만, 관절의 모양, 호르몬 등 한 가지 원인이 아니라 다양한 원인이 작용하여 병의 심한 정도와 증상이 나타나는 시기가 개인에 따라 다르게 나타나고 있다.

무릎 관절 누르기

편안하게 두 무릎을 펴고 바닥에 앉은 상태에서 한 손으로 발목을 잡고 위로 젖히면서 다른 한 손은 무릎 위에 얹고 무릎을 구부렸다가 누르면서 무릎 뒤가 바닥에 닿도록 한다.

손목 관절 꺾기

양팔을 어깨 높이에서 양옆으로 펴서 들고 팔 전체에 힘을 주면서 손목을 위 아래로 꺾는다.

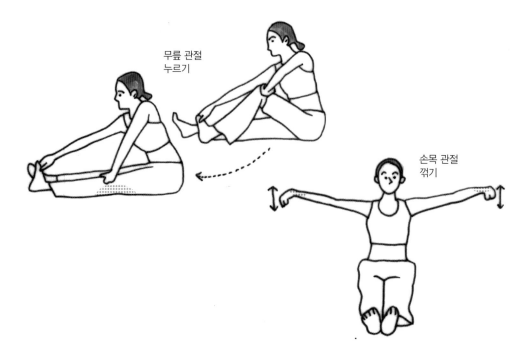

무릎 관절 누르기

손목 관절 꺾기

240

무릎 구부렸다 펴기

뒤로 손을 짚고 두 다리를 앞으로 약간 들어 공중에서 자전거 타기를 하듯 무릎을 구부렸다 펴준다.

고관절 돌리기

두 다리를 뻗고 앉은 자세에서 한 다리를 가슴 앞으로 당겨 올렸다가 옆으로 돌려 바닥 쪽으로 내려준다. 다시 반대 방향으로 돌아오게 한다. 반대 발을 반복한다.

골반 움직이기

선 자세에서 무릎을 가볍게 구부리고 골반을 양, 옆, 앞뒤로 가볍게 움직여준다.

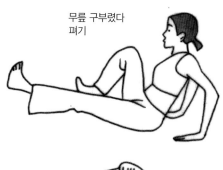

무릎 구부렸다
펴기

고관절
돌리기

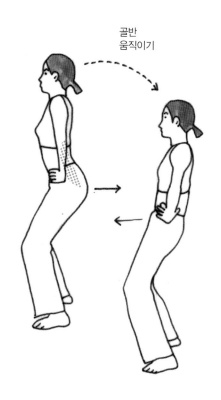

골반
움직이기

241

골다공증

골다공증이란 골량이 감소하여 작은 충격에도 쉽게 골절을 일으키는 질환으로 뼛속에 구멍이 많아져서 골밀도가 저하된 상태를 말한다.

골다공증은 일반적으로 폐경기 이후의 여성과 노인에게서 많이 나타난다. 이는 특이한 증상이 없는 것이 특징이나 진행된 후에는 허리가 구부러지고, 키가 작아지며, 작은 충격에도 골절을 일으키게 된다. 주로 척추 압박 골절, 팔목 골절, 대퇴부 경부 골절 및 늑골 골절 등이 흔하게 나타나게 된다. 이런 골다공증의 예방과 치료에 꼭 필요한 것이 운동이다. 근육을 스트레칭시키는 운동은 뼈를 자극시켜 골밀도를 증가시킬 수 있다. 운동 중에서도 덤벨 운동, 달리기(조깅), 줄넘기, 등산, 하이킹, 계단오르기 및 에어로빅 등 체중이 실린 운동이 골다공증에 좋다. 특히 스트레칭과 근력운동은 뼈를 만드는 조골 세포를 활성화시켜 골밀도를 증가시켜주는 데 효과적인 운동이다. 수영이나 사이클링(앉아서 자전거 타기) 등은 좋은 유산소 운동이지만 뼈에 체중을 실어 주는 운동이 아니기 때문에 골다공증에는 다른 운동들보다는 그 효과가 적다고 할 수 있다.

뒤꿈치 들기

두 손과 발을 바닥에 짚고 엉덩이는 위로 올린 상태에서 뒤꿈치를 위로 한껏 올렸다가 내리고 다시 발끝을 한껏 위로 올려준다.

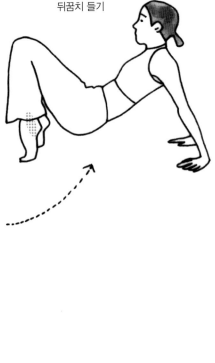

뒤꿈치 들기

242

손목 누르고 손가락 당기기

손을 몸 쪽으로 향하게 한 상태로 바닥에 손바닥을 대고 다른 한 손으로 손가락을 하나씩 위로 당겨 바닥에 튕겨준다.

손등 누르기

몸 앞에서 한 손은 아래로 다른 한 손은 위로 하여 서로 눌러준다.

의자 앉기

양다리를 벌리고 선 자세에서 뒤로 위자 위에 앉듯이 엉덩이를 내려 무릎이 직각이 되도록 하고 팔은 앞으로 든다.

한쪽 어깨 누르기

무릎을 구부려 바닥에 대고 앉은 상태에서 상체를 구부려 한 팔은 옆으로 쭉 펴서 바닥에 어깨가 닿듯이 하고 다른 한 손은 팔굽혀 펴기를 하듯이 직각으로 구부리고 구부린 쪽으로 머리를 돌린다. 반대쪽을 반복한다.

손목 누르고
손가락 당기기

손등 누르기

의자 앉기

한쪽 어깨 누르기

어떤 조건에서도 혼자가 아닌 둘은 신기한 힘을 실어준다.

힘 플러스 힘이 아닌 플러스 알파를 우리에게 선물하는 것이다. 스트레칭도 마찬가지.

함께 하면서 몸을 늘려주는 페어 스트레칭은 혼자서 하는 동작보다 효과적으로 근육을 스트레칭시켜 줄 수 있다.

단 동작이 정확하고 바른 자세에서 실시되었을 때 효과를 제대로 낼 수 있다.

이 파트에서는 둘이서 할 때 효과적인 스트레칭을 꾸몄다. 옆에 나와 함께 할 사람이 있다면 살짝 꼬여버리자. '길이 할까?'

STRETCHING

둘이서 하는 페어 스트레칭

스트레칭의
효과를 높이는
페어 스트레칭

둘이서 하는 스트레칭은 근육과 관절이 움직이는 범위, 즉 유연성을 가장 높일 수 있는 방법이다. 이는 파트너의 도움을 받으면서 스트레칭을 하기 때문에 혼자서 할 때보다 과부하를 효과적으로 줄일 수 있기 때문.

또한 파트너가 자세를 올바르게 교정해 주면서 동작을 실시할 수 있기 때문에 운동의 효과는 물론, 바른 자세를 갖는데 도움을 준다.

스트레칭은 각 근육별로 세부적으로 시행을 해주는 것이 좋다. 페어 스트레칭은 혼자서 잘 하지 못하는 부위를 스트레칭할 수 있기 때문에 동작에 따른 효과가 훨씬 높다.

또한 파트너와 함께 하는 스트레칭은 부부나 연인, 혹은 가족끼리 해줌으로써 스킨십을 통한 정서의 교감을 통해 좀더 관계를 돈독하게 하는 데에도 도움을 줄 수 있다.

파트너와 함께 동작을 할 때는 일부는 늘려주고 다른 일부는 눌러주어 지압의 효과도 함께 줌으로써 혈액의 흐름을 원활하게 해주어 피로를 풀어주어야 한다.

그러나 둘이서 하는 경우 파트너가 잘못된 자세로 도움을 주면 오히려 고통을 줄 수도 있고 지나치게 누르거나 하여 상해를 입힐 수 있기 때문에 부드럽고 천천히 동작을 할 수 있도록 해주어야 한다. 단, 장난으로 근육을 늘리거나 잡아당기는 행동은 위험할 수 있기 때문에 페어 스트레칭에 있어서 장난은 금물이다.

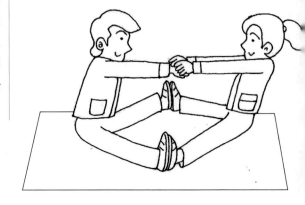

다리 스트레칭

다리 부분의 스트레칭은 다리의 앞, 뒤, 옆부분을 골고루 스트레칭해 줄 수 있도록 다양하게 몸의 위치를 바꿔가면서 해주는 것이 좋다. 적절한 손의 압력과 힘을 이용해서 스트레칭을 해주는 것은 좋으나 지나치게 늘리는 것은 금물이다. 위치를 바꿀 때는 바른 자세로 몸의 정렬이 바르게 되어 있는가를 확인해가면서 파트너에게 늘어나는 부위와 느낌을 이야기하는 것도 좋은 방법이다.

둘이서 하는 스트레칭의 장점은 바른 자세로 효과적인 스트레칭을 해줄 수 있다는 점이다. 파트너는 다리를 벌릴 때 좌우가 같은 각도로 벌어지는지, 같은 높이로 스트레칭이 되고 있는지, 골반이나 허리가 들리면서 몸이 비틀어지지 않는지 잘 점검하면서 보조를 해 주도록 한다.

넓적다리 안쪽 늘리기

똑바로 누운 자세에서 한 다리는 펴고 한 다리는 옆으로 구부린다. 파트너가 양발을 잡고 구부린 다리의 안쪽 넓적다리에 한 발을 대고 밀면서 양다리를 몸 쪽으로 잡아당겨준다. 반대쪽을 반복한다.

대퇴 늘리기

한 다리는 위로 세워서 구부리고 다른 다리는 편다. 파트너가 세운 다리 발 위로 무릎을 구부려 앉고 발등을 무릎으로 눌러주면서 세운 다리의 종아리 밑으로 두 손을 잡아 몸 쪽으로 당겨준다. 반대쪽을 반복한다.

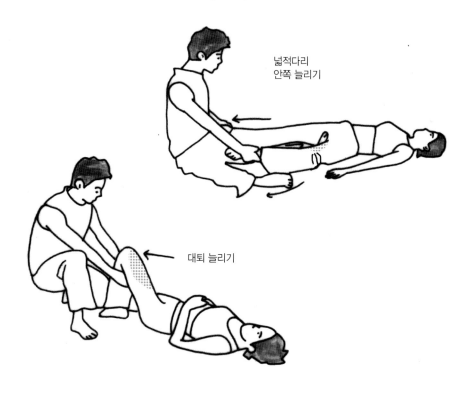

넓적다리
안쪽 늘리기

대퇴 늘리기

뒤 넓적다리 늘리기

한 다리는 펴고 다른 한 다리는 위로 구부린 상태에
서 들어올려준다. 이때 편 다리는 파트너의 가슴 쪽
으로 구부린 다리는 몸 쪽으로 당겨준다. 반대쪽을
반복한다.

넓적다리 안쪽 늘려주기

무릎을 구부리고 누운 자세에서 한 다리는 세우고
한쪽 다리는 눕힌다. 파트너는 세운 무릎을 움직이
지 않도록 한 손으로는 누운 파트너의 무릎을 잡고
다른 한 손으로는 파트너의 다리 안쪽을 잡고 누르
면서 넓적다리 안쪽을 늘려준다. 반대쪽을 반복한다.

골반 돌리기

한 다리는 펴고 다른 한 다리는 구부려 위로 들어준
다. 이때 파트너는 편 다리가 뜨지 않게 발로 살짝
눌러주면서 구부린 다리를 안에서 바깥쪽으로 돌려
준다. 반대쪽을 반복한다.

종아리 늘려주기

한 다리는 펴고 다른 한 다리는 구부려 파트너 무릎
위에 한쪽 다리의 종아리 부분을 올려 좋고 발목과
무릎을 눌러준다. 반대쪽을 반복한다.

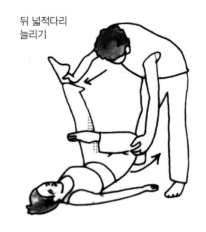

뒤 넓적다리
늘리기

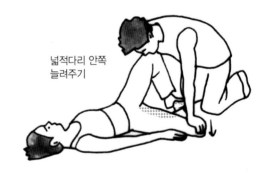

넓적다리 안쪽
늘려주기

골반
돌리기

종아리
늘려주기

248

종아리, 발등 늘리기

한 다리는 펴고 다른 한 다리는 구부려 위로 들고 눕는다. 파트너는 두 무릎을 구부려 앉은 자세로 한 팔의 팔뚝을 파트너의 구부린 다리 사이에 넣고 다른한 손은 발등을 잡고 위에서 아래로 다리를 눌러준다. 반대쪽을 반복한다.

다리 늘리기

두 다리를 쭉 펴고 누운 자세에서 파트너가 다리의 발목을 손으로 잡고 위로 약간 들어서 쭉 늘려준다.

대퇴(넓적다리) 앞 늘리기

한 다리는 펴고 누운 자세에서 다른 한 다리를 뒤로 접는다. 파트너가 접은 다리 쪽의 골반과 무릎을 잡고 누르면서 대퇴 앞부분을 늘려준다. 반대쪽을 반복한다.

대퇴(넓적다리) 안쪽 늘리기

두 다리를 벌리고 눕는다. 파트너는 벌린 다리 안쪽에서 옆으로 앉는다. 누운 사람의 양발이 더 벌어지도록 자신의 발로 밀면서 한 다리의 무릎과 다리가 들리지 않도록 두 손으로 눌러준다. 반대쪽을 반복한다.

종아리, 발등
늘리기

다리 늘리기

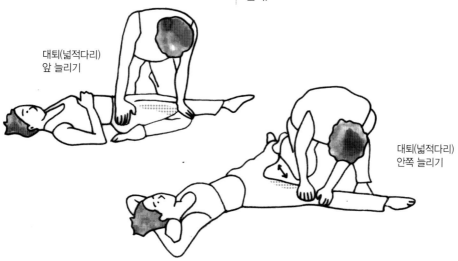

대퇴(넓적다리)
앞 늘리기

대퇴(넓적다리)
안쪽 늘리기

249

아킬레스건 늘리기

한 다리는 펴고 한다리는 직각으로 들어올린 자세에서 파트너는 들어올린 다리의 발을 잡고 발목을 꺾어준다. 이때 무릎이 구부러지지 않도록 무릎을 눌러주면서 발목을 꺾어준다. 반대쪽을 반복한다.

뒷다리 늘리기

두 다리를 펴고 눕는다. 파트너가 다리 아래 앉은 자세에서 한 무릎으로 누운 사람의 넓적다리를 누르면서 세워 무릎과 발뒤꿈치를 잡고 무릎은 자신의 몸 쪽으로 눌러 구부러지지 않도록 하고 발목은 누운 사람의 몸 쪽으로 밀어준다. 반대쪽을 반복한다.

종아리·아킬레스건 늘리기

두 다리를 펴고 눕는다. 파트너는 한 다리의 넓적다리 위에 엉덩이를 대고 누운 사람과 등을 보고 앉는다. 앉은 다리의 발바닥을 두 손으로 감싸 쥐고 발목을 위로 꺾은 자세로 자신의 몸 쪽으로 다리 전체를 들어올린다. 반대쪽을 반복한다.

발등 동시 늘리기

엎드린 자세에서 뒤로 양발을 교차시켜 접어서 동시에 엉덩이 쪽으로 발뒤꿈치가 닿을 수 있도록 눌러준다.

엎드려 넓적다리 늘리기

엎드린 자세에서 파트너가 선 자세로 다리의 발목을 두 손으로 잡고 허리 위쪽으로 대고 다리를 뒤로 잡아당겨준다.

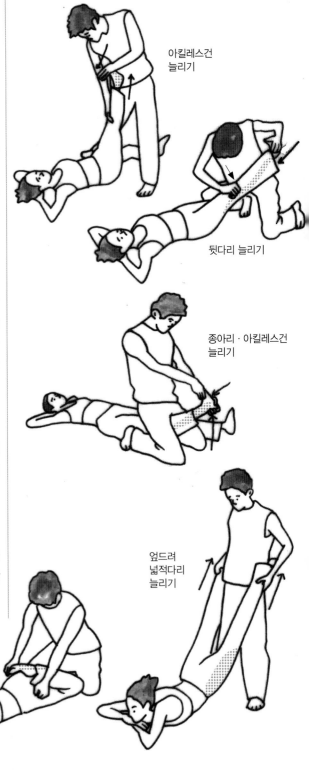

아킬레스건
늘리기

뒷다리 늘리기

종아리 · 아킬레스건
늘리기

엎드려
넓적다리
늘리기

발등 동시
늘리기

250

발등·정강이 늘리기

엎드린 자세로 한 다리는 무릎을 구부려 반대쪽 다리 무릎 뒤에 발등을 얹고 다른 다리는 뒤로 접어 발등을 엉덩이 쪽으로 민다.

다리 뒤로 잡아당기기

뒤로 무릎을 구부리고 엎드린 자세에서 파트너가 허리 부분에 앉아 양다리의 발목을 잡고 자신의 상체를 뒤로 눕듯이 하면서 잡아당긴다. 종아리 앞과 넓적다리가 늘어나도록 한다.

상체 누르기

앉아서 한 사람은 다리를 양옆으로 벌리고 다른 사람은 등 뒤쪽에 서서 벌린 다리 사이로 양발을 딛고 천천히 상체를 앞으로 눌러준다. 허벅지 안쪽이 늘어나도록 한다. 양쪽 무릎이 구부러지지 않는 정도에서 실시하며, 너무 무리해서 누르지 않도록 한다.

뒷다리 동시 늘리기

다리를 쭉 펴고 앉은 자세에서 파트너가 뒤에서 등을 눌러주어 가슴이 넓적다리에 닿도록 한다. 무릎이 구부러지지 않도록 한다.

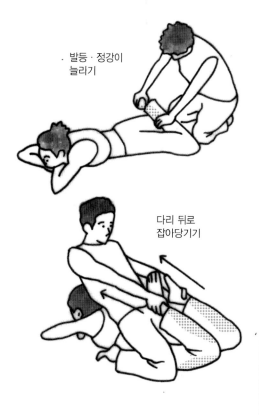

· 발등·정강이 늘리기

다리 뒤로 잡아당기기

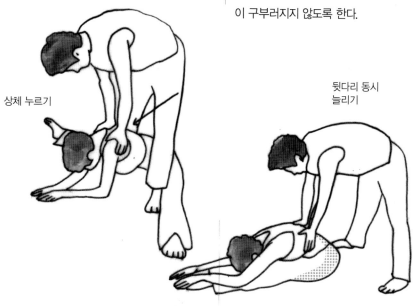

상체 누르기

뒷다리 동시 늘리기

골반 스트레칭

골반 스트레칭은 골반 앞 부분 근육의 이완과 고관절의 유연성을 도와주는 운동이다. 특히 자세가 나쁜 사람들에게서 흔히 나타나는 골반 틀어짐을 바르게 잡아주면 다리로 내려가는 신경의 눌림을 방지한다든지 좌우로 다리를 벌리는 동작들도 비교적 수월하게 할 수 있도록 도와줄 수 있다.

또한 좌우 골반의 뒤틀림과 벌어짐의 차이를 교정한다면 척주 휘어짐도 자연스럽게 교정이 된다. 골반은 중요한 부위로, 여성들의 경우 골반의 뒤틀림을 잡아 골반 내 혈액의 흐름을 원활하게 해주면 여성의 생식기관과 생리적인 불편함을 해소하는 데에 큰 도움을 줄 수 있으며, 남성의 경우에도 비전염성 골반 뒤틀림으로 오는 통증을 해소하는 데 도움을 줄 수 있다.

대둔근 늘리기

한 다리는 펴고 다른 한 다리는 펴서 위로 든다. 파트너는 무릎 사이로 편 다리를 잡아 다리가 밀리지 않도록 고정시킨다. 세운 다리의 엉덩이와 발목을 잡고 편 다리의 위쪽으로 넘겨준다. 이때 엉덩이는 움직이지 않도록 눌러주고 종아리 쪽을 누운 사람의 머리 쪽으로 밀어준다. 반대쪽을 반복한다.

골반 앞 늘려주기

한 다리는 펴고 다른 다리는 바깥으로 구부려 바닥에 닿도록 눕는다. 파트너는 편 다리가 밀려 펴지지 않도록 하면서 누운 사람의 골반과 무릎을 잡고 눌러준다. 반대쪽을 반복한다.

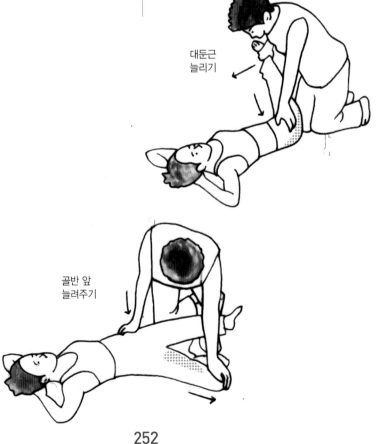

대둔근
늘리기

골반 앞
늘려주기

엉덩이 돌리기

두 무릎을 구부려 올린 자세로 눕고 파트너는 아래쪽에 서서 양다리의 종아리 앞을 잡고 누르면서 골반을 전체적으로 오른쪽에서 왼쪽으로 왼쪽에서 오른쪽으로 돌려준다.

뒤로 다리 늘리기

엎드린 자세에서 파트너가 한 다리를 들고 위로 늘려준다. 이때 엉덩이가 뜨지 않도록 발로 밟아 골반을 안정되게 하고 허벅지를 늘려준다. 반대쪽을 반복한다.

무릎, 엉덩이 늘리기

한 다리는 펴고 위의 다리는 가볍게 구부려 옆으로 눕는다. 파트너는 두 손으로 발목을 잡고 대퇴 아래를 발로 밀어주면서 무릎과 엉덩이를 늘려준다. 반대쪽을 반복한다.

엉덩이
돌리기

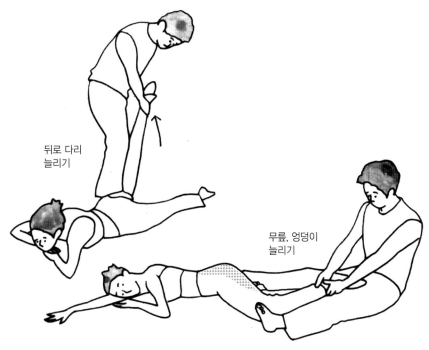

뒤로 다리
늘리기

무릎, 엉덩이
늘리기

골반 앞 늘리기

다리를 펴고 옆으로 눕고 파트너가 뒤로 무릎을 구부려 앉은 자세로 무릎을 엉덩이에 대고 지지한다. 한 손은 골반 위에 한 손은 발목을 잡고 자신의 몸쪽으로 잡아당긴다. 반대쪽을 반복한다.

엎드려 골반 앞 늘리기

엎드린 자세로 한 다리는 구부려 다른 다리 무릎 뒤로 올린다. 파트너는 무릎을 꿇고 앉아서 엉덩이를 누르면서 무릎을 들어올려준다. 반대쪽을 반복한다.

앞 골반·대퇴(넓적다리) 늘리기

머리 뒤로 깍지를 끼고 한 다리는 펴고 한 다리는 구부려 반대편 무릎 위로 올린다. 파트너는 편 다리를 위로 들어 몸 쪽으로 눌러준다. 반대쪽을 반복한다.

골반 앞
늘리기

엎드려 골반
앞 늘리기

앞 골반 · 대퇴(넓적다리)
늘리기

254

골반 누르기

엎드린 자세에서 파트너가 아래쪽에 서서 두 다리의 발목을 동시에 잡고 위로 들어올린 상태로 한 발로 엉치뼈(미골) 부분을 발로 밟아주면서 발목을 위로 들어올린다.

골반 잡아주기

엎드린 상태에서 파트너가 엉덩이 위에 앉아 한 다리의 무릎을 위에서 두 손으로 받쳐 들고 뒤로 들어올린다. 반대쪽을 반복한다

고관절 돌려주기

다리를 펴고 누운 뒤 파트너는 그 위에 서서 다리를 직각으로 펴 올려 천천히 골반을 밖으로 돌려 준다. 다시 안쪽으로 돌려준다. 반대쪽 다리도 같은 방법으로 실시한다.

골반
누르기

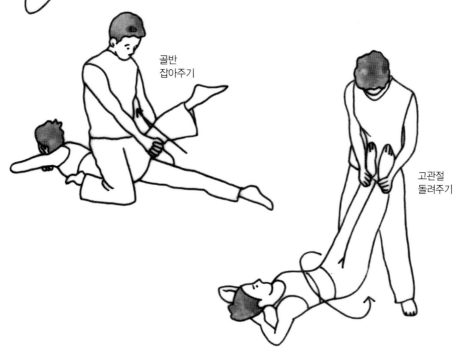

골반
잡아주기

고관절
돌려주기

허리 스트레칭

허리 부분은 대단히 중요하면서도 민감한 부분이다. 때문에 허리 디스크 증상이 있거나 안 좋은 사람을 스트레칭할 때에는 조심할 필요가 있다. 지나치게 압박을 하거나 비트는 동작을 하지 않도록 해야 하며, 특히 자세에 주의를 해야 한다.

적절한 자극을 주고 올바른 방법으로 행한다면 허리 부분의 스트레칭은 허리의 통증과 디스크 증세를 완화시키는 데 상당한 효과를 가져다 줄 수 있다.

허리 부분을 스트레칭할 때에는 보다 부드럽게 동작을 하도록 도와주고 점차적으로 서서히 압력을 주거나 정도를 더해갈 수 있도록 해야 한다. 반드시 오른쪽과 왼쪽이 같은 정도로 움직여지도록 실시한다.

허리 아래 늘리기

한 다리는 펴고 다른 한 다리는 구부려서 세운 자세에서 파트너가 한 손으로 무릎을 짚고 무릎을 편 다리 쪽으로 밀어 넘기면서 어깨가 들리지 않게 반대편 어깨를 눌러준다. 반대쪽을 반복한다.

대둔근 늘리기

한 다리는 펴고 다른 한 다리는 편 다리 위로 구부려 얹은 자세로 파트너는 편 다리 발목과 구부린 다리 대퇴 부분을 잡고 누운 사람의 얼굴 쪽으로 다리를 밀어준다. 반대쪽을 반복한다.

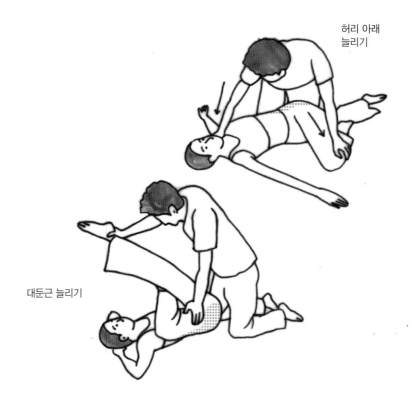

허리 아래 늘리기

대둔근 늘리기

256

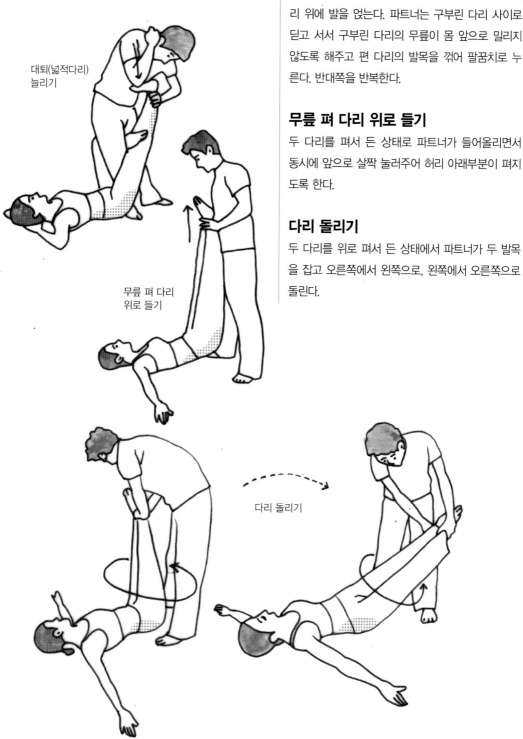

대퇴(넓적다리)
늘리기

무릎 펴 다리
위로 들기

다리 돌리기

대퇴(넓적다리) 늘리기

한 다리는 펴서 세우고 다른 한 다리는 구부려 편 다리 위에 발을 얹는다. 파트너는 구부린 다리 사이로 딛고 서서 구부린 다리의 무릎이 몸 앞으로 밀리지 않도록 해주고 편 다리의 발목을 꺾어 팔꿈치로 누른다. 반대쪽을 반복한다.

무릎 펴 다리 위로 들기

두 다리를 펴서 든 상태로 파트너가 들어올리면서 동시에 앞으로 살짝 눌러주어 허리 아래부분이 펴지도록 한다.

다리 돌리기

두 다리를 위로 펴서 든 상태에서 파트너가 두 발목을 잡고 오른쪽에서 왼쪽으로, 왼쪽에서 오른쪽으로 돌린다.

257

다리 구부려 누르기

먼저 두 다리를 위로 들고 파트너가 허리 양옆으로 양발을 딛고 누운 사람과 마주 보고 선다. 누운 사람의 발뒤꿈치를 잡고 무릎을 구부리면서 자신의 몸 앞으로 발을 가져와 두 발바닥을 마주 대고 아래로 눌러준다.

엉덩이 허리 늘리기

누운 사람은 두 무릎을 구부려 위로 든다. 파트너가 아래에 선 자세에서 누운 사람의 발바닥을 두 손으로 잡고 누워 있는 사람의 몸 앞으로 누른다. 이때 누워 있는 사람의 양손은 몸 옆 바닥에 둔다.

등허리 늘리기

무릎을 꿇고 엎드린 자세에서 파트너는 등을 동그랗게 말아올리듯 올려준다. 같은 자세로 등 위에 손바닥을 올리고 펴지도록 눌러준다.

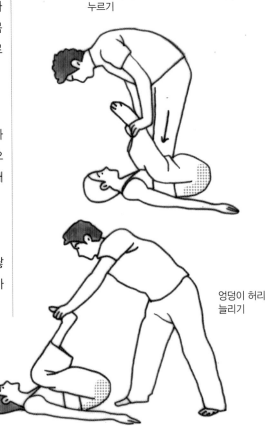

다리 구부려
누르기

엉덩이 허리
늘리기

등허리
늘리기

가슴, 복부 스트레칭

우리 몸은 몸 앞쪽에 길게 있는 복직근과 등 쪽의 척추 기립근이 단단하게 양쪽에서 잡아주어야 바른 자세를 취할 수 있다. 복부의 근육들은 우리 몸이 바르게 직립할 수 있도록 도와주고 몸통의 외측 굴곡과 회전, 몸통을 앞 또는 뒤로 굽히는 동작들을 가능하게 해준다.

복근을 강화시킨다고 해서 복직근만을 강화시켜주는 운동을 하면 길항작용을 하는 등 뒤의 척추기립근의 힘이 약해서 구부러지는 좋지 못한 자세를 만들수 있다.

따라서 가슴, 복부 스트레칭은 복직근 운동뿐만 아니라 배 옆의 내, 외 복사근 그리고 등 뒤의 척추 기립근 등을 함께 강화시키는 운동을 해주어야 한다.

복부 누르기
두 다리를 펴고 파트너와 마주 앉은 자세에서 파트너가 두 발을 복부에 대고 양팔을 가슴 높이에서 잡고 당겨주면서 발로 복부를 눌러준다.

가슴 늘리기
다리를 벌리고 엎드린 다음 파트너가 위에서 가슴 옆에 두 발을 벌리고 선 자세로 서면 두 팔을 깍지 껴서 파트너의 목에 건다. 파트너는 상체를 조금씩 들어 가슴이 한껏 젖혀지게 한다.

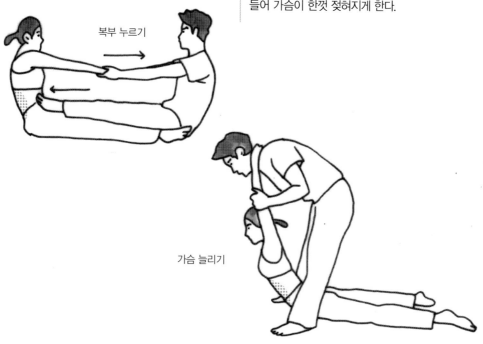

복부 누르기

가슴 늘리기

앞 가슴, 배 늘리기

한 다리는 펴고 위의 다리는 가볍게 구부려 옆으로 누운 자세에서 한 팔은 바닥에 대고 다른 한 팔은 뒤로 넘긴다. 파트너가 구부린 다리의 무릎 뒤에 발을 갖다 대고 구부린 자세로 한 손으로 골반을 눌러 주고 한 손은 어깨가 들리지 않도록 눌러준다. 반대쪽을 반복한다.

앞 늘리기

옆으로 누운 다음 파트너는 뒤에서 위쪽 팔과 다리를 뒤로 펴서 손목과 발목을 잡아준다. 파트너는 누운 사람의 허리와 엉덩이에 두 다리를 쭉 뻗어 대고 발로 밀면서 다리와 손을 동시에 자신의 몸 쪽으로 잡아당겨 뒤로 몸이 활처럼 휘어지게 한다. 반대쪽을 반복한다.

앞 가슴, 배
늘리기

앞 늘리기

260

서서 뒤로 업어주기

서로 등을 맞대고 선 자세에서 팔짱을 끼고 한 사람이 등을 앞으로 구부리면서 파트너를 업어준다. 등이 충분히 펴지도록 하고 업힌 사람은 힘을 뺀다. 서로 팔짱을 끼거나 손을 위로 뻗어 잡아당겨 주는 동작도 좋다.

배, 등 늘리기

두 다리를 뻗고 엎드린 자세로 있고 파트너는 선 자세로 한 다리를 엎드린 사람의 엉덩이 위에 얹어 밟는 자세로 팔과 다리를 위로 잡아당겨준다. 반대쪽을 반복한다.

앞 전체 늘리기

파트너가 무릎을 꿇고 앉고 파트너의 무릎 위에 양다리를 얹고 쭉 펴서 공중에 나는 듯한 자세로 엎드린다. 이때 엎드린 사람의 파트너는 팔을 단단하게 잡고 자신의 상체를 뒤로 눕듯이 하면서 팔을 자신의 몸 쪽으로 잡아당긴다.

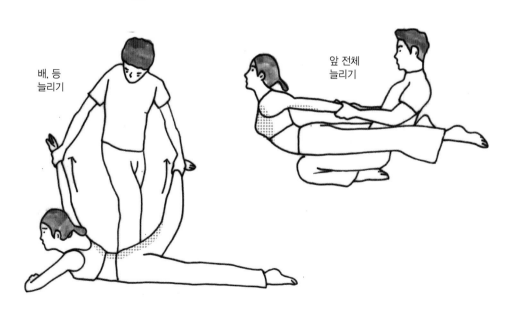

서서 뒤로
업어주기

배, 등
늘리기

앞 전체
늘리기

261

척추 스트레칭

척추는 허리와 마찬가지로 항상 조심해야 할 부분이다. 특히 척추가 옆으로 기울어져 있거나(측만) 앞(전만)이나 뒤(후만)로 기울어진 경우에 바른 방법으로 스트레칭을 하면 이러한 현상을 완화시켜줄 수 있다. 등이 튀어나오거나 한쪽 어깨가 처져 있어 등이나 허리 쪽에 통증을 느끼는 사람들은 반대쪽 부위를 더 스트레칭해줌으로써 증상을 많이 완화시켜줄 수 있다.

척추 부위는 압력을 주면서 스트레칭을 시켜주되 반드시 좌우의 균형이 맞도록 해주어야 하며 내려가거나 비틀린 부분의 반대쪽을 스트레칭해 좌우, 앞뒤의 균형이 잘 맞도록 해주는 것이 중요하다. 등과 양 옆구리를 충분히 스트레칭해주면 등이 바르게 서고 목 뒤와 등 부분이 좀더 편안해짐을 느낄 수 있을 것이다.

척추 비틀기

한 다리는 구부리고 다른 한 다리는 편 자세에서 구부린 다리 쪽 팔을 가슴 앞으로 놓는다. 파트너는 구부린 다리 무릎 안쪽에 무릎을 세워 붙이고 밖으로 밀면서 한 손으로는 골반을, 다른 한 손으로는 누운 사람의 어깨를 자신의 몸 쪽으로 잡아당겨 척추가 비틀어지도록 한다. 반대쪽을 반복한다.

등 누르기

턱 아래 손을 포개어 편안하게 고개를 옆으로 하고 엎드린다. 이때 파트너는 등을 밀어준다. 반대쪽을 반복한다.

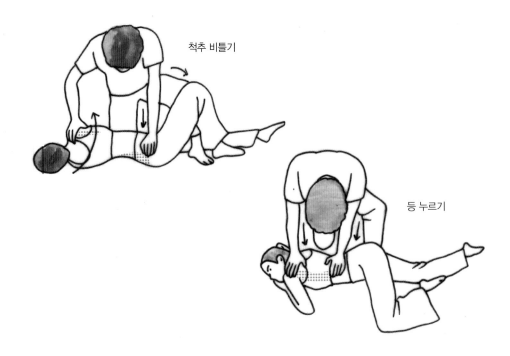

척추 비틀기

등 누르기

등 늘리기

반듯이 누운 다음 두 다리를 들어 서 있는 파트너의 다리 위에 직각으로 댄다. 파트너가 누운 사람의 두 손을 잡고 몸 쪽으로 상체를 잡아당겨 일으킨다.

상체 잡아 일으키기

양반 다리로 편안하게 접어 파트너의 다리에 직각으로 댄다. 파트너는 두 팔을 잡아 몸 쪽으로 당겨 준다.

팔 잡아 당기기

한 다리는 펴고 위에 다리는 가볍게 구부려 옆으로 누운 자세에서 파트너는 윗다리 엉덩이 부위를 발로 눌러 골반이 뜨지 않게 잡아 준 다음 아래쪽 팔의 손을 잡아당긴다. 반대쪽을 반복한다.

등 늘리기

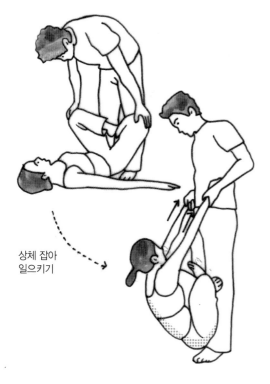

상체 잡아 일으키기

팔 잡아 당기기

등, 허리 늘리기

엎드린 자세에서 파트너는 누운 사람의 허리를 눌러
주고 반대 손, 반대 발을 잡고 위로 들어 당겨준다.
반대쪽을 반복한다.

등, 어깨 늘리기

가부좌를 틀고 등을 세우고 바르게 앉은 자세에서
팔을 뒤로 돌려 파트너와 맞잡는다. 파트너는 두 다
리를 쭉 펴서 등에 두 발을 대고 앉는다. 그대로 자
신의 몸 쪽으로 팔을 잡아당겨 등과 앞 어깨가 충분
히 늘어나게 한다.

척추 비틀어 들어올리기

아래쪽 다리는 펴고 위쪽 다리는 구부린 상태에서
옆으로 눕는다. 파트너는 선 자세로 위의 편 다리와
구부린 다리 사이에 발을 딛고 아래쪽 팔의 손목과
어깨를 잡아 상체를 들어올리면서 잡아당긴다.
이때 누운 사람은 위쪽 손을 앞으로 감아 배 위쪽에
둔다.

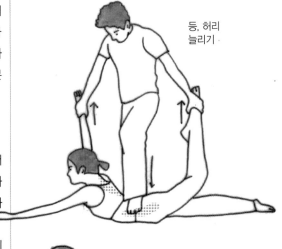

등, 허리
늘리기

등, 어깨 늘리기

척추 비틀어
들어올리기

견갑골 늘리기

양손을 머리 위로 깍지 낀 상태로 편안하게 앉는다. 파트너는 뒤에 쪼그려 앉아 무릎을 골반에 대고 눌러주면서 위에 깍지 낀 팔 사이로 손을 넣어 양 손목을 잡고 앞으로 밀어준다.

손 마주 잡고 등 늘리기

발바닥을 마주 대고 앉은 상태에서 파트너는 두 발을 구부린 다리 아랫부분에 갖다 대고 두 손을 잡아당긴다. 두 손을 앞에서 잡은 상태로 팔은 펴서 버티듯이 하면서 등을 뒤로 동그랗게 만든다.

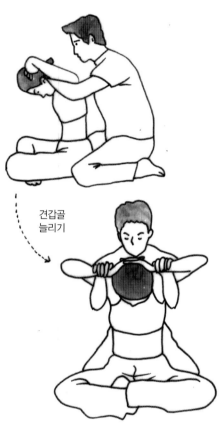

견갑골
늘리기

손 마주 잡고
등 늘리기

265

팔, 손, 손목 스트레칭

팔과 손, 손목은 많이 쓰는 부위이면서도 스트레칭을 잘 하지 않는 부위이다. 그러나 양팔과 손을 얼마나 균형 있게 잘 쓰느냐에 따라 어깨 부위의 유연성이나 근력에 큰 영향을 주게 되며 자세의 변형에도 중요한 요인이 된다. 따라서 오른손과 왼손의 근력과 유연성의 조정은 근본적으로 자세를 유지하게 하고 어깨의 피로감을 줄이는 데 중요한 요인이 된다.

특히, 컴퓨터 사용 시간이 많을 때에는 자주 손과 손목, 그리고 팔의 피로를 풀어주는 것이 중요하다. 팔 근육은 혼자서 스트레칭 해 주기보다는 파트너가 늘려주는 것이 훨씬 효과적이고 다양하게 해줄 수 있다.

팔 당기기

편안하게 누운 자세로 파트너가 한 팔을 두 손으로 잡고 잡아당긴다.

겨드랑이 늘리기

누운 자세에서 한 팔을 위로 올려 머리 옆에서 손목을 꺾어 바닥을 짚도록 하고 파트너가 팔굽을 위로 당겨준다.

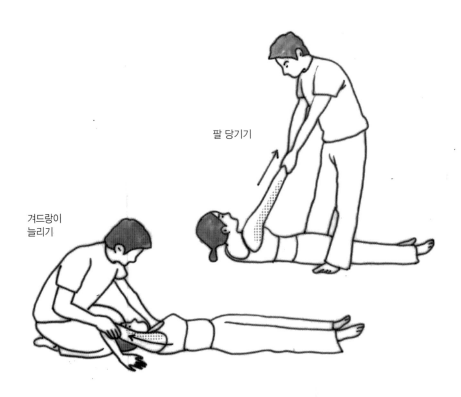

팔 당기기

겨드랑이 늘리기

266

손바닥 늘리기

파트너가 양손으로 약지와 새끼손가락을 엄지와 검지, 약지와 새끼손가락에 각각 걸어 손바닥을 쫙 펴 준다.

뒷목 잡아당기기

누운 자세에서 파트너가 머리 위에 앉아 두 손으로 머리를 받치듯이 하고 목을 위로 잡아당겨 준다.

팔 잡아당기기

편안하게 누운 자세에서 양팔을 위로 든다. 파트너는 머리 위에 서서 양팔을 잡고 위로 잡아당겨준다.

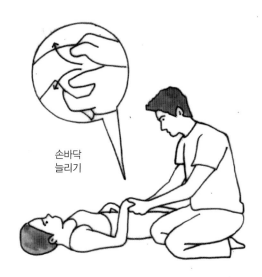

손바닥
늘리기

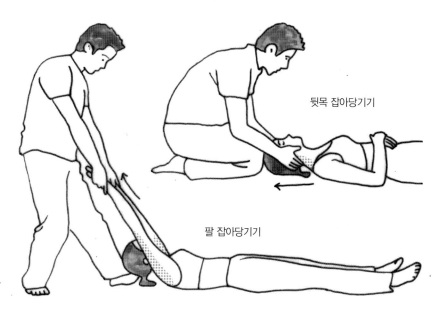

뒷목 잡아당기기

팔 잡아당기기

267

턱 잡아당기기

파트너가 한 손은 목 뒤에 다른 한 손은 턱을 잡고 턱을 비스듬히 위로 하여 잡아당겨준다. 반대쪽을 반복한다.

어깨 누르기

편안하게 누운 상태로 파트너가 양어깨를 두 손으로 짚듯이 하여 눌러준다. 반대쪽을 반복한다.

목 당기기

편안하게 누운 상태에서 따트너는 목 뒤를 잡아당겨준다. 이때 무릎을 세워 어깨를 발로 밀어준다.

목 젖히기

한 손으로 목 뒤를 받쳐 잡고 다른 한 손은 이마를 짚은 뒤 이마를 뒤로 눌러준다.

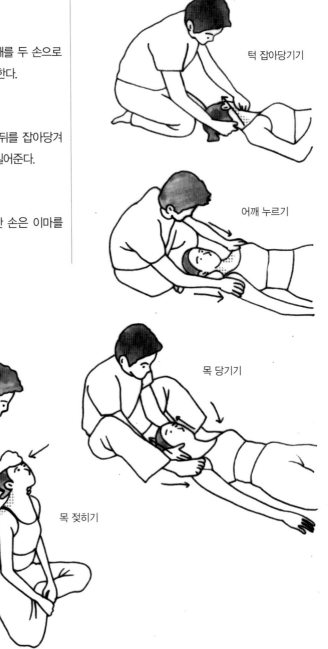

턱 잡아당기기

어깨 누르기

목 당기기

목 젖히기

268

앉아서 어깨 누르기

편안하게 앉은 상태에서 파트너가 뒤에서 팔 아랫부분 전체를 어깨 위에 얹어 어깨를 눌러준다.

옆목 늘리기

편안하게 양반다리 자세로 앉은 다음 파트너는 뒤에 무릎을 세우고 앉아 손을 깍지 끼고 한 팔은 목 옆의 귀부분에 대 얼굴을 눌러주고 다른 한 팔은 어깨 윗부분을 눌러준다. 반대쪽을 반복한다.

위팔 늘리기

편안하게 앉아 팔을 가슴 높이에서 엇갈려 가슴을 감싸안듯이 한다. 파트너는 뒤에서 뒤꿈치를 세우 고 무릎을 구부려 쪼그려 앉은 자세에서 무릎을 견 갑 골 밑에 대고 눌러 주면서 앞으로 감싼 팔의 팔꿈치를 뒤에서 잡아당겨 가슴 앞으로 밀착되도록 눌러준다.

뒷목, 등 늘리기

편안하게 앉은 자세로 양손을 들어 머리 뒤에서 깍지를 낀다. 파트너가 뒤에서 양 겨드랑이 사이로 손을 넣어 손목을 잡아준 다음 머리가 바닥에 닿도록 눌러준다.

앉아서 어깨
누르기

옆목 늘리기

위팔 늘리기

뒷목, 등
늘리기

269

옆구리
스트레칭

옆구리 부분은 평상시 의식적으로 움직이지 않는다면 잘 안 쓰는 근육부위이다. 하지만 옆구리의 근육이 뭉치게 되면 몸 구석구석으로 피로가 쌓이게 된다. 때문에 옆구리 스트레칭은 등의 경직을 막고 이완시키며, 등근육과 허리, 어깨 부위 근육의 피로를 풀어주는 데에 중요하다.

아래에 소개하는 동작들은 보조를 하기가 까다롭고 불편할 수도 있지만 신경 써서 올바르게 해주면 옆구리 근육의 스트레칭을 효율적으로 하기에는 좋은 방법들이다. 간지럼을 탄다고 몸을 지나치게 비틀거나 하지 않도록 유의하고 각 근육이 충분히 늘어날 수 있도록 하고 좌우의 근육이 같은 길이로 늘어나는지를 점검하면서 스트레칭하도록 한다.

겨드랑이 늘리기

한 다리는 펴고 위에 다리는 구부려 옆으로 누운 자세에서 파트너가 엉덩이 쪽에 서서 한 발로는 구부린 다리의 무릎을 밟고 아래쪽의 팔을 두 손으로 잡고 겨드랑이와 옆구리가 늘어날 수 있도록 팔을 위로 잡아당긴다. 반대쪽을 반복한다.

옆구리 늘리기

한 다리는 펴고 위에 다리는 구부려 옆으로 누운 자세에서 한 팔은 머리 위로 구부리고 한 팔은 자연스럽게 내린다. 파트너는 등 뒤에 무릎을 구부리고 앉아 한 손은 위로 올린 팔꿈치 위에, 다른 한 손은 엉덩이 위에 두고 양 방향으로 밀어준다. 반대쪽을 반복한다.

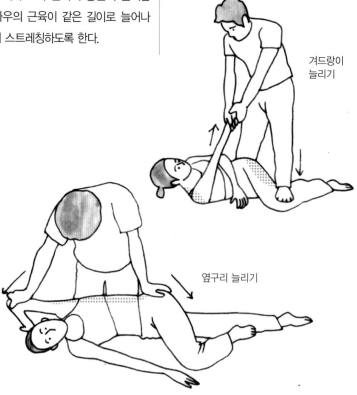

겨드랑이
늘리기

옆구리 늘리기

옆구리, 어깨 늘리기

편안하게 앉은 자세에서 한 팔을 들어 귀에 가볍게 댄다. 파트너가 위로 올린 팔 옆에 무릎을 구부려 한 무릎은 바닥에, 다른 무릎은 앉은 사람의 넓적다리가 뜨지 않도록 눌러주면서 위로 든 팔의 팔꿈치를 위로 밀어주면서 반대쪽 어깨를 잡아 자신의 몸 쪽으로 당겨준다. 반대쪽을 반복한다.

앉아서 옆구리 늘리기

한 다리는 펴고 다른 한 다리는 편 다리 위로 넘겨 세워서 바닥을 딛는다. 파트너는 세운 다리의 무릎을 앉은 사람 상체 쪽으로 밀면서 세운 다리 반대쪽 어깨를 잡아 몸이 비틀리도록 앞쪽으로 당겨준다. 반대쪽을 반복한다.

손 잡고 옆구리 늘리기

한 발은 마주 대고 다른 발은 넓게 벌리고 서서 안쪽 손을 아래로 잡고 바깥쪽 손은 위로 들어 마주 잡아준다. 바깥쪽 무릎을 밖으로 구부리고 안쪽 무릎은 펴서 지탱하면서 위에 마주 잡은 팔을 당겨 옆구리가 늘어나도록 한다. 반대쪽을 반복한다.

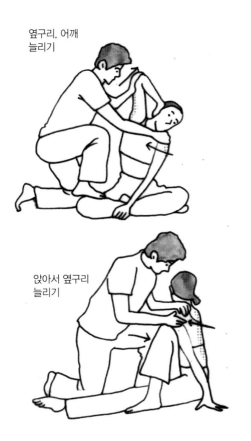

옆구리, 어깨
늘리기

앉아서 옆구리
늘리기

손 잡고
옆구리 늘리기

271

어깨 스트레칭

어깨 부분은 파트너의 도움으로 더욱 더 효과적으로 스트레칭할 수 있는 부분으로 좌우의 균형을 잘 맞추어 해주는 것이 중요하다. 골반이나 척추의 뒤틀림은 양손을 어떻게 균형적으로 쓰느냐에 따라 좌우될 수 있다. 따라서 양쪽 어깨 근육의 유연성이나 근력은 자세를 유지하고 어깨 부위의 피로감을 줄여줄 수 있는 직접적인 요인이 되기도 한다.

특히 어깨의 통증을 갖고 있는 사람들은 통증 때문에 효과적으로 스트레칭을 하는 것이 어렵다. 또한 자신의 통증 때문에 아픔을 피하게 되어 스트레칭의 효과를 제대로 거둘 수 없다.

따라서 파트너가 적절한 힘을 주어 바른 자세로 어깨를 움직여주고 스트레칭을 해준다면 어깨로 오는 통증을 완화시켜 줄 수 있다.

어깨 젖히기

한 다리는 펴고 위의 다리는 가볍게 구부려 옆으로 누운 자세에서 파트너가 뒤에서 어깨를 감싸안아서 자신의 몸 쪽으로 잡아당겨준다. 반대쪽을 반복한다.

겨드랑이·어깨 늘리기

엎드린 자세에서 두 손을 깍지껴 목 뒤에 둔다. 파트너는 뒤에서 겨드랑이 밑에 손을 넣고 상체를 잡아 위로 일으킨다.

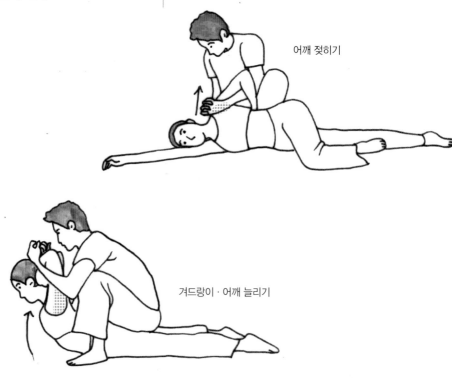

어깨 젖히기

겨드랑이 · 어깨 늘리기

가슴, 어깨 늘리기

엎드려서 뒤로 다리를 구부린 상태에서 파트너가 뒤로 구부린 발 위에 엉덩이를 걸쳐 앉아준다. 양 손으로 엎드린 사람의 어깨를 잡고 상체를 일으켜 위로 잡아당긴다.

어깨 누르기

무릎을 바닥에 대고 엉덩이를 직각으로 든 상태에서 팔을 쭉 펴고 엎드린다. 파트너는 위에서 어깨를 눌러 겨드랑이가 바닥에 닿도록 한다.

어깨 늘리기

한 사람은 앉고 다른 한 사람은 뒤에 선다. 앉은 사람은 손을 깍지 껴 선 사람의 목을 잡는다. 뒤에 있는 사람이 앉은 사람의 양쪽 겨드랑이 부분을 안쪽으로 밀면서 일어서듯이 하여 앉은 사람의 팔과 어깨가 위로 늘어나도록 한다.

팔, 어깨 늘리기

한 다리는 펴고 위의 다리는 가볍게 구부려 옆으로 누운 자세에서 파트너가 뒤에서 한 무릎을 세우고 앉아 팔을 뒤로 펴서 자신의 세운 다리 위에 팔을 얹어둔다. 한 손으로는 손목을, 다른 한 손으로는 어깨를 눌러준다. 반대쪽을 반복한다.

가슴, 어깨 늘리기

어깨 누르기

어깨 늘리기

팔, 어깨 늘리기

273

스트레칭은 개개인이 가지는 몸의 유연성이나 연령, 몸 상태에 따라서 목적이나 방법, 강도가 달라지게 된다.
아이들의 경우, 엄마나 아빠가 해주어야 하는 스트레칭이 대부분이며 주로 성장을 목적으로 해주는 것이 좋다.
임산부의 경우, 골반을 움직여 주면서 순산을 돕고 임신 중 오는 통증을 완화시켜 주는 목적으로 해 준다.
노인을 위한 스트레칭은 말초까지 혈액 순환을 원활하게 돕고
몸에 무리를 주지 않는 동작들을 주로 해 주는 것이 그 효과를 높이는 방법이다.

STRETCHING

연령별 스트레칭

어린이를 위한
스트레칭

환경에 의해 달라지는 성장

운동선수들은 대체로 어떤 운동을 하고 있느냐에 따라 체형이 달라지므로 전문가들은 선수의 체형만을 보고도 그 사람이 어떤 운동을 하는지를 짐작할 수 있다. 이러한 사실은 어떤 생활을 하느냐에 따라 우리의 몸이 달라질 수 있다는 것을 의미한다.

조사에 따르면 유전이 키에 미치는 영향은 불과 23% 정도에 지나지 않는다고 한다. 결국 키 성장에는 환경적 요인이 결정적인 영향을 미친다는 말이다. 그렇기 때문에 아직 뼈의 성장이 이루어지지 않은 아이들의 경우 엄마의 육아 방식이 절대적인 영향을 미친다고 볼 수 있다.

키의 성장은 뼈의 말단 부분인 성장점이 자극을 받으면서 그 길이가 성장되고, 뼈의 중간 부분이 자극을 받으면서 그 부피가 성장되게 된다. 따라서 키와 직접적인 관련을 갖고 있는 부분은 뼈와 그 주변의 근육이다.

하지만 키가 자라려면 몸 전체가 발육, 성장해야 한다. 신체는 근, 골격 이외에 호흡계, 순환기계, 신경계, 감각계 등의 총 집합체이므로 키가 자란다는 것은 이 모든 조직들이 상호 관련되어 발육, 성장한 결과라고 볼 수 있다. 물론 영양은 당연히 고려되어야 할 요인이다.

뼈와 근육이 함께 늘어야 건강한 성장

뼈 자체를 길게 늘려가는 것은 뼈의 양 끝에 있는 골단연골(성장선)이다. 이 골단연골이 성장호르몬과 기타의 호르몬 작용을 받아 그 위에 뼈를 보호하고 있는 골단이 자극됨으로써 세로로 굵고 길게 성장해가는 것이다. 이렇게 골단연골이 늘어나는 것은 성장기에 나타나며 성장이 점차로 굳어지다가 멈추는 단계에서는 골단선이라고 하는 하나의 선이 된다.

이러한 뼈의 성장 못지 않게 중요한 것이 근육의 역할이다. 스트레칭은 이러한 근육을 수축, 이완시키면서 뼈를 움직이게 하고, 이는 성장점을 자극하고 동시에 뼈를 둘러싸고 있는 근육의 단백질 합성을 촉진시키게 된다.

즉, 뼈의 성장을 촉진하면서 뼈 주변에 있는 근육도 튼튼하게 해야 건강한 성장이 이루어진다는 것이다. 골단연골의 성장 그리고 근육의 발달이 키가 자라는 비결이 된다.

이렇게 볼 때 근 기능과 뼈 길이의 성장은 매우 밀접한 관련성을 가지고 있으며 키가 크기 위해서는 뼈의 길이 성장과 주변 근육의 근 기능이 동시에 균형 있게 조화를 이루면서 발달하여야 한다.

1세 이전의 성장환경이 가장 중요

키는 태어나서 1세까지가 성장률이 가장 높다. 키의 성장률을 보면 1세 이전에 25%, 2~3세가 11.5%, 3~4세가 7.7%로 점차 줄어 들게 된다. 또 7~8세에 좀더 더 낮아졌다가 사춘기를 전후해서 성장률을 더 보이다가 17세 이상이 되면 거의 멈추게 된다.

보통 우리는 키의 성장이 사춘기에 이루어진다는 생각으로 초등학교 시절에 주안점을 두고 키에 관심을 가지지만 이렇게 키의 성장은 오히려 3세 이전에 더욱 많이 성장을 하게 되는 것이다.

이러한 사실은 스스로 운동과 움직임을 제대로 하지는 못하지만 3세 이전까지가 뇌의 성장뿐만 아니라 키의 성장에 있어서도 중요한 기간이라는 것을 나타내준다. 따라서 이 기간의 키의 성장을 위한 부모의 노력은 매우 중요하다고 할 수 있다. 즉, 큰 키와 아름다운 체형을 위해서는 바로 3세 이전의 엄마 아빠의 노력이 대단히 중요하다고 할 수 있다.

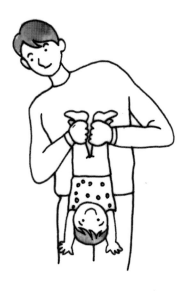

키 크기 맛사지
(성장점 누르기)

태어나서 1세 이전은 큰 키와 작은 키를 판가름하는 시기라 할 수 있다.

엄마 뱃속부터 1세까지 성인 신장의 40~45% 정도가 이루어진다. 갓 태어난 아기는 약 50cm 정도에 불과하지만 2세 무렵에는 88~90cm까지 자란다. 1년 새 평균 20cm 정도나 성장하는 셈이다.

아이를 늘씬하게 키우고 싶다면 이 기간 동안이야말로 성장을 도울 수 있는 절호의 기회라는 것을 잊지 말자.

이 시기에 할 수 있는 성장 맛사지는 뼈를 성장하게 하는 골단을 자극해줄 수 있도록 성장점을 눌러 주는 것이다. 성장 맛사지는 뼈 말단 부분의 성장점을 자극해 세로로 길게 만들어주고, 뼈 중간 부분을 자극해 부피 성장을 돕는다. 또, 척추를 똑바로 펴주고 골반의 위치를 바로잡아 뼈가 올곧게 자라도록 도와준다.

귀 옆 비비면서 귀 뒤 누르기

양 귀 옆을 손바닥으로 부드럽게 비비고 엄지로 귀 뒤 부분을 살짝 눌러주도록 한다. 다시 검자를 이용하여 목 뒤 부분을 살짝 눌러주도록 한다.

목 뒤 누르기

아기가 누워있는 상태에서 목뒤로 손을 넣어 검지로 목 아래 부분, 목뼈가 튀어나온 부분의 양 옆을 가볍게 눌러준다.

귀 옆 비비면서
귀 뒤 누르기

목 뒤 누르기

278

어깨 누르기

어깨 누르기
아기의 어깨 부분을 엄지와 검지를 이용하여 돌려 가면서 꼭꼭 눌러준다. 너무 급히 손을 떼지 말고 3~4초 정도 시간을 두고 누른다. 이는 상완골의 끝 부분 골단을 자극하기 위한 것이다.

상완 누르기
어깨와 팔꿈치까지의 중간 부분을 꼭 눌러 자극한다. 뼈의 중간 부분을 자극하는 것은 뼈 부피의 성장을 촉진하고 튼튼하게 만드는 데 도움을 준다. 반대쪽을 반복한다.

팔꿈치 누르기
팔꿈치 부분을 꼭 눌러 자극을 한다. 상완골의 끝 지점으로 뼈의 성장을 위한 골단 지점을 자극해 주기 위한 것이다. 반대쪽을 반복한다.

하완 누르기
팔꿈치와 손목과의 중간 부분을 엄지와 검지를 이용하여 꼭 눌러준다. 반대쪽을 반복한다.

상완 누르기

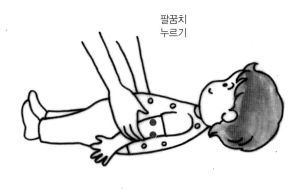
팔꿈치 누르기

하완 누르기

손목 누르기

손목 부위를 꼭 눌러 요골의 마지막 골단 부분을 자극하여 뼈의 성장을 촉진한다. 반대쪽을 반복한다.

서혜부 누르기

넓적다리의 안쪽과 바깥쪽을 엄지와 검지로 가볍게 눌러주어 장골의 골단을 자극하여 성장을 촉진해 주도록 한다.

대퇴 중간 부분 누르기

대퇴의 중간 부분을 눌러 줌으로써 대퇴의 두께 성장이 잘 이루어질 수 있도록 자극한다. 둥글게 돌아가면서 대퇴의 중간 부분을 꾹 눌러준다.

무릎 누르기

무릎 부분은 대퇴의 끝 지점으로, 골단을 자극해 주기 위하여 엄지와 검지로 가볍게 무릎을 돌려가면서 눌러준다. 무릎의 슬개골 부위의 양옆으로 자극을 두도록 한다.

손목 누르기

서혜부 누르기

대퇴 중간 부분 누르기

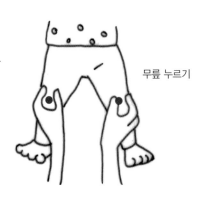

무릎 누르기

종아리 누르기

무릎과 발목과의 중간 지점을 눌러준다. 반대쪽 발도 실시한다.

발목 누르기

발목을 엄지와 검지로 눌러 자극을 한다.

척추 누르기

아기를 엎드리게 한 후 가볍게 양 엄지로 목 밑 부위부터 아래로 척추의 양옆으로 꼭꼭 누르면서 내려온다. 척추를 곧게 하고 척추 사이의 연골을 자극하여 척추 뼈의 성장을 돕고 혈액순환이 원활해지도록 돕는다. 이 동작은 목을 가누기 시작한 이후에 해준다.

엉덩이 누르기

허리 아랫부분부터 양옆 엉덩이 부분을 꼭 눌러준다. 골반을 튼튼하게 만드는 데 도움을 준다. 또한 엉덩이 아랫부분은 대퇴 시작하는 골단 부분으로 대퇴골의 성장을 도와준다. 엉덩이 아랫부분 대퇴의 연결 부분을 깊이 꼭 눌러준다.

견갑골 누르기

견갑골 주변을 엄지를 이용하여 가볍게 눌러준다.

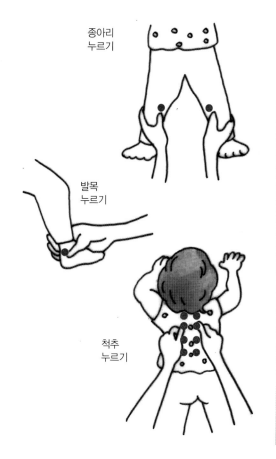

종아리 누르기

발목 누르기

척추 누르기

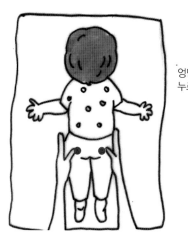

엉덩이 누르기

견갑골 누르기

성장 스트레칭
(엄마, 아빠와 함께)

아이의 성장점을 눌러주고 근육을 스트레칭해 주는 것은 성장에 큰 도움이 된다. 정서적으로 안정이 되고 부모의 애정을 많이 받은 경우와 그렇지 못한 경우에는 성장의 차이를 보인다고 한다. 따라서 엄마, 아빠와 함께 하는 맛사지와 체조는 아기의 성장에 직접적인 영향을 미치게 된다. 아이와 함께 스트레칭을 할 때는 너무 무리한 동작은 피해야 하며 놀이하듯이 재미있게 아이와 눈을 마주쳐 가면서 실시해주는 것이 중요하다.

스트레칭은 아이의 신체를 건강하고 유연하게 해주는 데 도움을 줄 뿐 아니라 몸의 긴장을 이완하고 자유롭게 호흡하면서 감정을 안정되게 유지시켜주기 때문에 두뇌의 활성화에 도움을 준다.

팔다리 늘리기
아기를 눕혀 놓고 넓적다리부터 발까지 쭉 펴지도록 다리를 눌러준다. 아기의 머리 위쪽으로 가서 겨드랑이부터 손까지 쭉 펴지게 팔을 위로 잡아당겨준다.

손목 돌리기
아기의 손을 잡고 안으로, 밖으로 부드럽게 손목을 돌려준다. 관절을 돌려주면 관절의 움직임이 원활해지고 마디마디의 골단이 자극을 받아 성장이 촉진된다. 반대쪽을 반복한다.

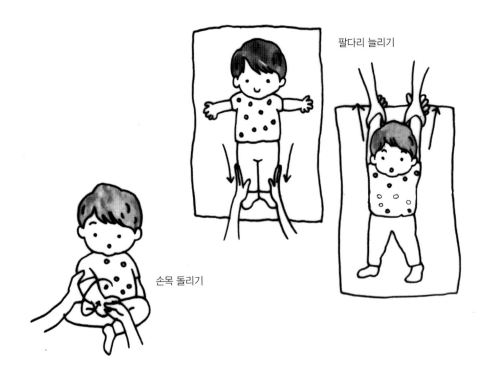

팔다리 늘리기

손목 돌리기

282

발목 돌리기

아기의 발목을 잡고 안으로, 밖으로 부드럽게 돌려준다.

상체 일으키기

아기를 반듯하게 눕힌 자세에서 두 팔을 잡아당겨 상체가 딸려 올라오도록 한다. 머리가 바닥에서 완전히 떨어지기 전까지 내렸다가 다시 올린다.

옆으로 구르기

아기의 발과 몸통을 잡고 몸을 옆으로 굴린다. 다시 반대쪽으로 굴린다. 옆구리 부분의 근육을 강화시켜준다.

누워서 거꾸로 들어올리기

누운 자세에서 양 발목을 두 손으로 잡고 아기의 머리가 바닥에서 떨어지기 직전까지 위로 들어올려준다. 혈액순환을 도와준다.

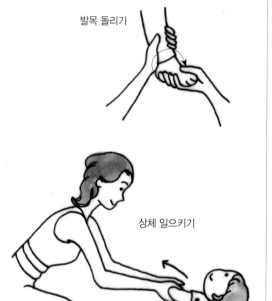

발목 돌리기

상체 일으키기

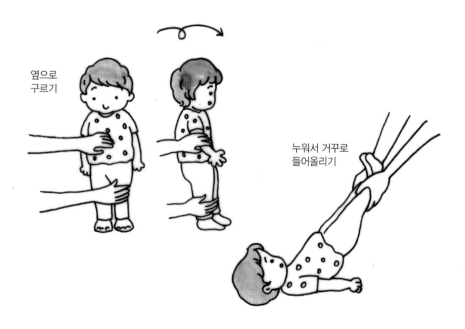

옆으로
구르기

누워서 거꾸로
들어올리기

283

엎드려서 거꾸로 들어올리기

아기를 엎드려 눕히고 양쪽 발목을 잡아 위로 들어 올려준다. 아기의 손이 바닥에서 떨어질 정도까지 올렸다 내리고 다시 반복한다.

엎드려서 뒤로 다리 접기

아기를 엎드리게 하고 뒤쪽에서 다리를 잡아 X자가 되도록 접어서 가볍게 눌러준다. 무릎 뼈의 골단을 자극해주고 다리 뒷부분 근육의 힘을 증가시킨다. 반대로도 해준다.

발목 꺾어주기

엎드린 자세에서 아기의 발목이 꺾이도록 가볍게 눌러준다. 종아리의 유연성을 증가시켜주고, 종아리 뼈의 골단을 자극시켜 발목이 튼튼해진다. 걷고 서고 지탱하는 힘을 길러준다.

점프하기

아기의 겨드랑이 밑을 양손으로 받쳐 두 발이 땅에 닿을락 말락 하도록 위로 들어준다. 아기가 발로 땅을 밀어 찰 수 있게 한다. 여러 번 반복한다.

엎드려서 거꾸로 들어올리기

엎드려서 뒤로 다리 접기

점프하기

발목 꺾어주기

두 팔 들고 하늘보기

바닥에 아기와 마주 보고 앉아 따라할 수 있도록 유도한다. 먼저 두 손을 머리 위로 들어 손바닥을 마주 대고 천장을 쳐다보며 고개를 젖힌다. 중심을 잃어 뒤로 넘어지지 않도록 조심한다. 아기가 잘 따라하지 못하면 엄마 무릎 위에 아기를 앉히고 뒤에서 두 팔을 잡아 올려준다.

엄마 무릎 위에 앉히고 팔 들기

아기를 무릎 위에 앉힌다. 아기의 두 팔을 잡아 위로 만세를 하듯이 잡아당겨 늘려준 뒤 옆으로 구부려준다. 내렸다가 다시 위로 잡아당긴 뒤 이번에는 반대쪽으로 구부려준다.

팔 돌리기

아기를 엄마 무릎 위에 앉히고 아기의 두 팔을 잡아 앞에서 뒤로 또 뒤에서 앞으로 돌려준다. 이 동작을 반복한다.

팔 잡아당기기

아기를 마주 보게 하여 무릎 위에 세운다. 손을 잡아주면 아기는 중심을 잡기 위해 엉덩이를 뒤로 빼고 다리에 힘을 준다. 팔을 잡고 있는 상태로 무릎을 구부려 앉혔다가 다시 일어서게 한다. 팔을 잡아당기면서 뒤로 몸을 빼도록 한다. 팔과 다리의 힘을 기르는 운동이다.

두 팔 들고
하늘보기

엄마 무릎 위에
앉히고 팔 들기

팔 돌리기

팔
잡아당기기

허리 잡고 위로 들어올리기

허리를 잡고 아기가 발을 굴러 위로 뛰도록 한다. 아기가 스스로 발을 구르면서 다리의 힘도 기르도록 한다. 조금 성장하면 뛰어올라 다리를 옆으로 벌리는 동작도 해보도록 한다. 이 운동은 점프 동작을 통하여 아기의 골단을 자극시켜 뼈의 성장을 돕도록 하는 운동이다.

허리 잡고 위로 들어올리기

비행기 타기

일어선 자세로 아기의 배를 받쳐 머리 위로 들어올린다. 아기의 팔다리를 쭉 펴게 한다. 몸을 가볍게 돌려서 받쳐주어도 좋다.

인사하기

아기를 무릎 위에 세우고 넓적다리 아랫부분을 잡아준다. 아기를 앞으로 기울인다. 스스로 몸을 조정하면서 서게 한다. 몸 전체의 평형 능력을 길러줄 수 있다.

다리 앞으로 늘려주기

아기를 반듯하게 눕힌 자세에서 한 다리는 뻗고 다른 한쪽 다리를 들어 가슴 쪽으로 늘려준다. 무릎을 잡고 가능하면 무릎이 구부러지지 않도록 보조를 해주고 골반이 뜨거나 비틀어지지 않도록 한다. 반대쪽을 반복한다.

비행기 타기

인사하기

다리 앞으로 늘려주기

286

다리 옆으로
늘려주기

다리 옆으로 늘려주기

아이를 옆으로 눕힌 상태에서 옆으로 다리를 들어
주는 동작. 이때 엉덩이가 빠지지 않도록 아빠나 엄
마가 발로 뒤에서 받쳐주어도 좋다. 이때 골반이 비
틀어지지 않도록 주의한다. 반대쪽을 반복한다.

다리 뒤로 늘려주기

아기를 엎드리게 한 자세로 골반과 한 다리를 바닥
에 닿도록 누르면서 반대쪽 다리를 위로 들어 준다.
들어줄 때 넓적다리 부분을 잡고 가능하면 무릎을
펴도록 하여 위로 들어준다. 이 동작을 할 때는 골반
이 제 위치에 있도록 바른 자세로 해주어야 한다. 반
대쪽을 반복한다.

다리 뒤로
늘려주기

팔 늘려서 잡아주기

아빠나 엄마가 아기의 두 팔을 잡고 늘려주는 운동.
엄마나 아빠가 선 자세로 아기의 두 팔을 잡고 들어
준다. 이때 너무 세게 잡고 늘려주거나 아기를 잡고
빙빙 돌리거나 하지는 않도록 한다.

발목 누르기

발목 누르기는 아기를 반듯하게 눕힌 자세에서 두
다 리를 안쪽으로 곧게 모으도록 하고 발을 세워 위
로 꺾어준다. 다시 두 발등을 잡고 아래로 눌러준다.
발목 부위의 뼈 골단을 자극하여 키의 성장을 돕고
발목을 튼튼하게 해주는 운동이다.

팔 늘려서
잡아주기

발목
누르기

허리 뒤로 젖히기

아기의 허리를 잡아주어 아기가 뒤로 상체를 젖히도록 하는 운동이다. 척추의 유연성을 도와주고 등과 복부의 근육의 형태를 잡아주는 데에 효과적이다.

뒤로 팔 잡아주기

아기를 엄마나 아빠의 무릎 위에 앉히고 아기의 두 팔을 잡아 뒤로 늘려주는 동작. 어깨의 유연성을 증가시키고 가슴의 근육을 발달시켜준다.

앉아서 다리 벌리기

엄마나 아빠가 아기와 마주 앉아서 두 손을 잡고 당겼다 밀었다 해준다. 아빠가 앞으로 구부리면 아기가 상체를 뒤로 젖히고 아빠가 뒤로 상체를 젖히면 아기가 앞으로 몸을 숙이도록 한다. 이 운동은 넓적다리 안쪽 근육이 늘어나도록 하는 운동으로 다리 근육을 강화하고 유연성을 증가시킬 수 있다.

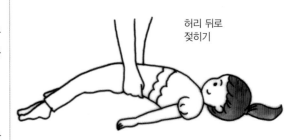

허리 뒤로
젖히기

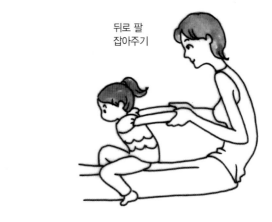

뒤로 팔
잡아주기

앉아서 다리
벌리기

거꾸로 들기

아기의 양 발목을 잡고 거꾸로 들어올린다. 이 동작은 혈액의 순환을 돕고 평형 감각을 증가시켜주며, 척추의 이완을 도와줄 수 있는 운동으로 아기의 성장을 위하여 반드시 필요한 운동이다.

몸 사선으로 받쳐주기

아기가 두 발을 엄마나 아빠의 배나 다리에 짚고 몸을 세워 앞으로 뻗쳐 서도록 한다. 이 운동은 아기의 다리의 힘과 배와 등 근육의 힘을 강화시키고 신체의 조절능력을 강화시켜준다.

손 짚고 다리 잡아주기

아기는 바닥에 손을 짚고 엎드린 자세로 팔로 상체를 지탱하도록 하고 아빠가 뒤에서 두 다리를 잡아 위로 올려준다. 배 근육의 이완과 함께 혈액순환을 도와주고 팔 근육도 강화시켜준다. 아기가 손으로 바닥을 짚고 기는 동작을 할 수 있도록 한다.

상체 늘리기

아기는 팔을 위로 쭉 편 상태로 바닥에 엎드리도록 한다. 부모가 아기를 가운데 두고 등 있는 부분에 선 자세로 양팔의 겨드랑이 밑을 잡고 뒤로 당겨주어 상체가 젖혀지도록 한다.

거꾸로 들기

몸 사선으로
받쳐주기

손 짚고 다리
잡아주기

상체
늘리기

임산부를 위한
스트레칭

임신 기간 동안의 적절한 신체운동은 임산부의 건강과 태아의 건강 그리고 분만 시 산모의 진통을 감소시키는 데에 도움을 준다. 임신으로 인하여 임산부들에게 나타날 수 있는 불안감이나 신체적인 변화로 나타나는 우울증, 스트레스 등을 해소시키는 데에 운동만큼 좋은 것은 없다.

임신 기간 중의 스트레칭은 임신기의 신체변화에 적응할 수 있는 체력을 길러준다. 또한 운동을 통해 적절한 체중조절이 가능하기 때문에 체지방을 조절할 수 있으며 임신으로 인해 근육, 관절, 인대 부위에 가해지는 긴장을 견딜 수 있도록 해준다. 또한 골반, 복부의 근육을 강화시켜 점점 커지는 자궁을 지지해주는 역할도 한다. 임신을 하면 생기기 쉬운 변비나 요통 등의 괴로운 증상들을 완화시켜 주는 역할을 하기 때문에 더욱 필요하다고 할 수 있다.

늘려주는 동작을 할 경우에는 15~20초간 정지해 근육이 충분히 늘어날 수 있도록 해주어야 한다. 모든 동작은 반드시 오른쪽 왼쪽을 번갈아 실시해 양쪽의 근육이 균형 있게 움직이도록 한다. 마찬가지로 같은 힘과 같은 각도로 운동이 이루어지도록 한다. 호흡을 할 때에는 코로 숨을 들이마시고 입으로 숨을 내뱉는다.

임신 초기 스트레칭

임신 초기에 흔히 나타나는 증상은 메스꺼움과 피로이며, 3개월 정도가 지나면 대체로 없어지게 된다. 보통 아침 공복일 때 혹은 음식물을 먹은 뒤 메스꺼움과 구토증을 느끼고 온몸에 힘이 빠지고 나른한 기분을 갖게 된다. 임신 초기에 나타나는 어느 정도의 입덧은 자연스러운 현상이므로 지나치게 신경을 쓸 필요는 없다.

또한 임신 초기의 나른함과 피로감은 임신으로 인한 신체의 변화에 따라 나타나는 증상인데 피로감이 느껴진다고 무조건 잠만 잘 것이 아니라 가벼운 운동으로 기분전환을 하는 것이 좋다.

임신 초기 4주간은 착상이 아직 완전히 되지 않은 상태이므로 지나친 움직임은 좋지 않다. 피로감을 이기기 위해서는 적당한 스트레칭과 근력운동을 해주는 것이 좋다.

등 펴기

바닥에 편하게 앉은 자세로 두 손을 가슴 앞에서 깍지 끼고 위로 밀어올린다. 호흡을 들이마시면서 위로 힘껏 밀어주었다가 입으로 숨을 내쉬면서 양팔을 내린다. 등 근육의 강화와 어깨의 긴장을 풀어준다.

목 돌리기

목을 오른쪽 왼쪽, 위, 아래로 천천히 돌려 준다. 목 근육의 경직을 막아주고 이완시켜 준다.

등 펴기

목 돌리기

심호흡하기

서서 두 손을 배 위에 대고 천천히 코로 크게 숨을 들이마시면서 양팔을 펴서 위로 올렸다가 천천히 입으로 숨을 내쉬면서 양손을 옆으로 내린다.

옆구리 늘리기

다리를 벌리고 선 자세에서 양팔을 펴서 가슴 높이로 올리고 한쪽 옆구리를 구부리면서 한 손을 위로 들고 다른 한 손은 아래로 내리고 옆구리를 한껏 늘려준다.

뒷다리 늘리기

한 다리를 앞으로 내딛고 선 자세에서 앞다리를 곧게 편 상태로 뒤꿈치를 바닥에 댄다. 뒷다리는 구부리고 상체를 곧게 펴서 머리와 허리가 곧게 펴지도록 한다. 그 상태로 15~30초간 정지하고 호흡을 편안하게 한다. 반대쪽을 반복한다.

심호흡하기

옆구리
늘리기

뒷다리
늘리기

윗몸 일으키기

무릎을 세우고 누운 자세에서 팔을 무릎 방향으로 뻗어 상체를 일으켰다가 다시 눕는다. 상체를 일으킬 때 호흡을 내쉬고 다시 누울 때 숨을 들이마신다. 이 운동은 복부의 근육을 강화시켜 주고 등 근육의 이완을 도와준다.

엉덩이 밀어올리기

누운 자세에서 다리를 직각으로 구부려 반대쪽 무릎 위에 발을 올린 다음 엉덩이를 위로 밀어올린다. 골반과 다리 근육을 강화시키고 배근육을 이완시킨다. 반대 다리를 올려 반복한다.

등 늘리기

무릎을 세워 엎드린 자세에서 양팔을 위로 쭉 뻗어준다. 이때 어깨를 바닥에 닿도록 해 등을 늘려준다.

엎드려 상체 들기

엎드려서 두 손을 가슴 옆에 짚고 천천히 상체를 들어올린다. 등 근육을 강화시키고 복부를 늘려준다.

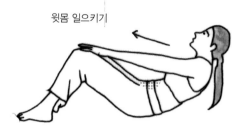

윗몸 일으키기

엉덩이
밀어올리기

등 늘리기

엎드려
상체 들기

어깨 힘주었다 풀기

편안하게 앉은 자세에서 어깨에 힘을 주어 위로 한껏 끌어올렸다가 갑자기 힘을 풀면서 툭 내려뜨린다.

어깨 돌리기

편안하게 앉은 자세에서 어깨를 앞에서 뒤로 다시 뒤에서 앞으로 돌려준다. 어깨관절을 부드럽게 해주고 긴장을 막아준다.

옆구리 운동

편안하게 앉은 자세에서 머리뒤에서 깍지를 끼고 한쪽으로 몸을 기울이면서 옆구리를 늘려준다. 반대쪽을 반복한다.

어깨 힘주었다
풀기

어깨
돌리기

옆구리 운동

294

골반 돌리기

발을 약간 벌리고 서서 무릎을 약간 구부린다. 천천히 엉덩이를 돌려준다. 허리가 같이 돌아가지 않도록 하고 골반을 밀어준다. 오른쪽에서 왼쪽으로 다시 반대쪽으로 반복한다.

골반 밀기

발을 약간 구부리고 선 자세에서 대퇴와 엉덩이에 힘이 들어가도록 좌우, 앞뒤로 밀어준다. 이는 골반 근육을 강화시켜주며, 허리의 유연성을 증가시켜준다.

균형 잡기

팔을 위로 쭉 펴서 합장한 자세로 뻗어주고 한쪽 발을 오른쪽 대퇴 안쪽에 굽혀서 댄다. 이 동작은 몸의 중심을 잡는데 도움을 준다. 반대쪽을 반복한다.

골반
돌리기

골반
밀기

균형 잡기

임신 중기 스트레칭

뱃속 아기가 급속하게 성장하면서 이 시기부터는 배가 조금씩 불러오는 시기이다. 아기가 자리를 잡은 시기이므로 서서 하는 운동들도 어느 정도는 괜찮다. 커가는 자궁을 지탱하는 복부의 인대에 통증이 오는 것은 흔한 일이다. 많은 임산부들이 밤에 잠자리에서 몸을 뒤척이거나 갑자기 체중을 옮길 때 가벼운 통증을 느끼거나 심지어는 송곳으로 찌르는 듯한 통증을 느끼기도 한다. 임산부에 따라서는 골반뼈 사이 연골의 연화 때문에 치골 결합에 통증을 느끼게 된다. 이런 현상은 운동 중에 갑자기 방향이나 강도 및 속도를 바꾸거나 무리한 운동을 하게 되면 심해지게 된다. 그러므로 갑자기 방향을 바꾸거나 속도의 변화를 요구하는 운동은 가능한 한 피하도록 한다.

등 늘리기

두 발을 쭉 뻗고 발목을 위로 꺾어 올린 자세로 앉아서 무릎이 구부러지지 않도록 하면서 등을 동그랗게 말면서 팔을 앞으로 쭉 편다. 등의 근육을 이완시켜주고 긴장을 풀어준다.

벽 잡고 등 펴기

벽을 잡고 잡은 팔과 몸이 직각이 되도록 하면서 어깨와 등을 눌러준다. 등 근육을 강화해주면서 어깨를 이완시켜준다.

등 늘리기

벽 잡고 등
펴기

옆구리 늘리기

가부좌를 하고 앉은 자세에서 한쪽 팔을 옆으로 구부려 옆구리를 늘려준다. 반대쪽을 반복한다.

골반 양옆으로 밀기

다리를 어깨 너비로 벌리고 누운 자세에서 무릎을 살짝 구부리고 골반을 오른쪽, 왼쪽으로 힘껏 민다. 대둔근을 강화시켜 주고 골반 관절을 유연하게 해준다.

두 다리 들고 원 그리기

뒤로 손을 짚고 앉은 자세에서 두 다리를 붙여 위로 든다. 두 다리를 동시에 공중에서 원을 그리면서 돌린다. 복부의 근육을 강화시켜주고 어깨와 다리의 유연성을 증가시켜준다.

등 비틀기

엎드려 상체를 손으로 바닥을 짚고 상체를 들어올린다. 상체를 비틀어 뒤의 반대쪽 발뒤꿈치를 바라본다. 등의 양옆 근육을 이완시켜준다. 반대쪽을 반복한다.

옆구리 늘리기

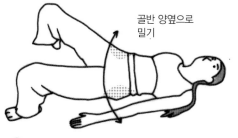

골반 양옆으로
밀기

두 다리 들고
원 그리기

등 비틀기

가슴 운동

가부좌로 앉은 다음 등 뒤에서 손을 깍지 끼고 올려준다. 가슴의 근육과 등 근육을 강화시켜준다.

엎드려 옆으로 골반 밀기

무릎과 손바닥을 짚고 엎드린 자세로 한쪽 엉덩이를 낮추면서 옆으로 밀어준다. 이 동작을 통해 골반 주위를 늘려주도록 한다. 반대쪽을 반복한다.

앞뒤로 다리 벌려 앉기

한 발을 앞으로 내딛고 그대로 자세를 유지하면서 두 무릎이 직각이 되도록 앞뒤로 앉는다. 다시 반대쪽 발도 실시한다. 다리 근육의 힘을 길러주고 다리와 어깨의 유연성을 늘리는데 도움을 준다.

팔 돌리기

편안한 자세로 서거나 앉은 상태에서 양옆 어깨 높이로 팔을 들고 손목을 위로 꺾어 팔 전체에 힘이 들어가게 한다. 그 상태로 팔 전체를 어깨로 돌리는 느낌으로 어깨를 앞에서 뒤로 돌린다. 팔과 어깨의 근육을 강화시켜준다.

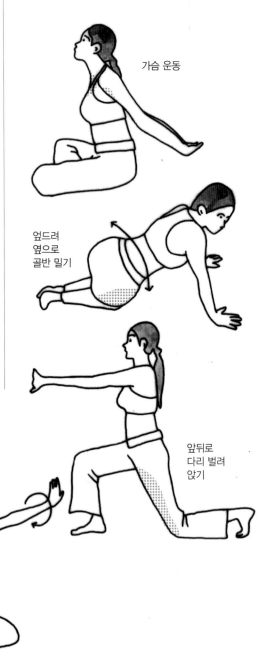

가슴 운동

엎드려 옆으로 골반 밀기

앞뒤로 다리 벌려 앉기

팔 돌리기

298

손목
돌리기

다리 벌려
어깨 누르기

한 다리
밀기

발목 돌리기

손목 돌리기

편안하게 앉은 자세에서 주먹을 쥐고 손목을 위로 꺾었다 아래로 꺾는다. 안에서 바깥쪽으로, 다시 바깥쪽에서 안쪽으로 돌려준다.

다리 벌려 어깨 누르기

다리를 넓게 벌리고 선 자세에서 한 다리는 바깥쪽으로 구부려 직각이 되도록 하고 다른 다리는 펴준다. 골반과 넓적다리 안쪽의 근육을 이완시키고 균형을 잡는 능력을 길러준다.

한 다리 밀기

다리를 넓게 벌리고 선 자세에서 한 다리는 바깥쪽으로 구부려 직각이 되도록 하고 다른 다리는 펴준다. 골반과 넓적다리 안쪽의 근육을 이완시키고 균형을 잡는 능력을 길러준다.

발목 돌리기

다리를 쭉 펴고 등을 세우고 앉은 자세에서 양손은 바닥을 가볍게 짚는다. 두 발목을 힘 있게 위로 꺾었다가 앞으로 힘주어 편다. 발을 안에서 바깥으로 다시 바깥에서 안으로 돌려준다.

임신 후기 스트레칭

이 시기부터는 아기의 뇌가 발달하는 시기로 엄청난 양의 뇌 세포가 형성되고 주름도 잡히기 시작한다. 따라서 아기의 뇌 발달을 위해서 풍부한 산소와 충분한 영양이 공급되어야 한다. 호흡을 자주 해주고 운동을 함으로써 신선한 공기가 아기에게 더 많이 전달될 수 있도록 해주어야 한다.

이 시기에는 스트레스를 풀어주고 신선한 산소의 공급과 원활한 혈액의 흐름을 도와 주는 스트레칭 동작을 많이 해주어야 한다. 또한 불러온 배와 커진 가슴 때문에 등과 어깨가 아플 수 있으므로 상체와 목 스트레칭을 하는 것이 좋다. 임산부에 따라서는 정맥류가 심하게 나타나기도 하므로 발과 다리의 피로를 자주 풀어주는 것이 좋다.

호흡하기

두 발을 어깨 너비로 벌리고 서서 양팔을 위로 들어 올리면서 코로 숨을 크게 들이마신다. 이때 뒤꿈치도 같이 들어준다. 균형을 잡는 능력을 길러주고 산소를 공급해준다.

어깨 늘리기

다리를 넓게 벌리고 무릎을 구부리고 앉은 자세에서 상체를 앞으로 숙여 바닥에 두 손을 댄다. 두 무릎을 넓게 벌려 배가 눌리지 않도록 하면서 가능한 한 멀리 손이 가서 어깨가 쭉 늘어나게 한다. 어깨의 유연성을 증가시켜주고 몸을 이완시켜준다.

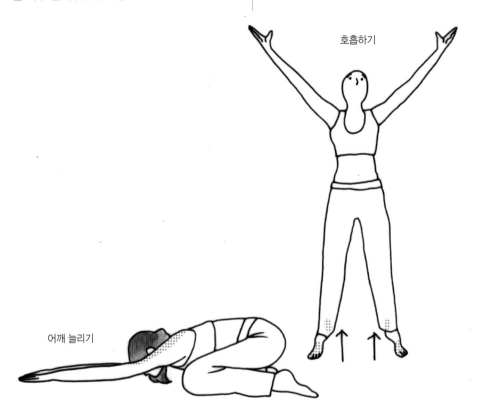

호흡하기

어깨 늘리기

등 펴기

양팔은 무릎을 짚은 다음 숨을 입으로 천천히 뱉으면서 상체를 앞으로 구부린다. 등이 구부러지지 않고 완전히 펴지도록 하고 고개를 약간 들어 앞으로 본다. 다시 숨을 들이마시면서 등을 동그랗게 말아서 위로 일어선다.

자세 교정 운동

다리를 옆으로 넓게 벌린 상태에서 한 무릎을 직각으로 구부리면서 상체를 옆으로 구부려 같은 쪽 손으로 바닥을 짚고 반대쪽 손은 위로 들어준다. 이때 엉덩이가 뒤로 밀리지 않도록 한다.

몸 펴기

뒤로 손을 짚고 다리를 쭉 편 상태에서 몸을 들어올려 몸이 사선이 되도록 한다. 고개는 너무 젖히지 말고 천장을 보도록 한다. 배를 편안하게 늘려주고 어깨와 팔 운동이 되도록 도와준다.

등 펴기

자세 교정
운동

몸 펴기

301

위로 팔 들었다 내리기

편안하게 앉은 자세에서 어깨를 뒤로 젖혀 손을 잡고 팔꿈치를 위로 쭉 폈다 내리기를 반복한다. 위로 팔을 올릴 때 숨을 들이마시고 아래로 내릴 때 숨을 내쉰다.

손 털기

손을 꽉 쥐었다가 펴고 위에서 아래로 내리면서 손을 털어준다. 혈액순환과 손목의 뻣뻣함을 완화시켜 준다.

다리잡고 위로 올리기

한 다리는 펴고 한 다리는 구부려 앉은 자세에서 한 손으로 편 다리를 잡고 위로 올려준다. 반대쪽을 반복한다.

비복근 늘리기

손발을 바닥에 짚고 엎드린 자세에서 한 다리는 뒤꿈치를 완전히 바닥에 대고 무릎을 펴준다. 다른 다리는 뒤꿈치를 들면서 무릎을 구부린다. 반대쪽을 반복한다.

위로 팔
들었다
내리기

손 털기

다리잡고
위로
올리기

비복근
늘리기

302

발목 부딪치기

편안하게 손을 뒤로 짚고 다리를 펴고 앉은 자세에서 다리 전체에 힘을 빼고 양 발목을 부딪친다. 이 동작은 다리의 혈액순환을 돕고 긴장을 풀어준다.

앉아서 골반 밀기

양발을 넓게 벌리고 무릎을 세우고 앉은 자세에서 양손으로 무릎을 잡고 숨을 코로 크게 들이마시면서 상체를 세워 골반을 앞으로 민다. 숨을 입으로 내쉬면서 등을 뒤로 동그랗게 만든다. 골반의 이완을 돕고 등 근육의 피로를 풀어준다.

옆으로 누워 다리 들기

옆으로 누운 자세에서 아래쪽 다리는 가볍게 구부리고 반대쪽 다리는 편 상태에서 손으로 발을 잡고 위로 잡아당긴다. 엉덩이 근육과 허벅지 안쪽 근육의 이완을 돕는다.

한 다리 구부리고 뒷다리 펴기

한 다리는 앞으로 접어 구부리고 뒷다리는 뒤로 편 상태에서 상체를 꼿꼿이 세워준다. 골반 안쪽 서혜부와 엉덩이 근육을 늘려준다. 반대쪽을 반복한다.

발목
부딪치기

앉아서
골반 밀기

옆으로 누워
다리 들기

한 다리 구부리고
뒷다리 펴기

303

출산 후
스트레칭

출산 후 몸의 특별한 이상 증상이 없다면 몸이 고통스럽겠지만 작은 움직임부터 빨리 시작하는 것이 좋다. 하지만 이 시기에 무리한 운동은 금물. 초기 운동의 가장 쉬운 것부터 시작하고 운동 중 상처를 입지 않도록 주의해야 한다. 임신 이전에 규칙적으로 운동을 했던 사람이라도 이전의 운동 강도와 패턴은 잊는 것이 좋다.

출산 후 5개월 이후, 즉 출산 중기가 되면 서서히 예전의 몸으로 돌아가기 위한 시도를 해야 할 때. 출산 후 늘어나고 약화된 근육들은 계속적으로 등 통증의 원인이 되기 때문에 살을 조여주고 단단하게 하는 근육운동을 점진적으로, 강도와 횟수를 늘려가면서 해 주도록 한다.

초기 1~3개월

기지개 펴기

이 동작은 산후 1~2일 후부터 해도 좋다. 자리에 누운 자세로 팔을 위로 쭉 펴고 다리도 힘을 주어 곧게 펴면서 기지개를 편다. 몸 전체를 오른쪽, 왼쪽으로 굴리듯이 돌린다.

손목, 발목 펴기

누운 자세에서 두 다리와 팔을 앞으로 쭉 펴고 위로 힘껏 꺾었다가 앞으로 곧게 펴주는 동작을 한다. 위로 양손을 들어 꼭 쥐었다 펴서 털어주는 동작을 한다. 이 시기에는 말초에 자극을 주어 혈액순환을 돕고 유연성을 증가시킬 필요가 있다.

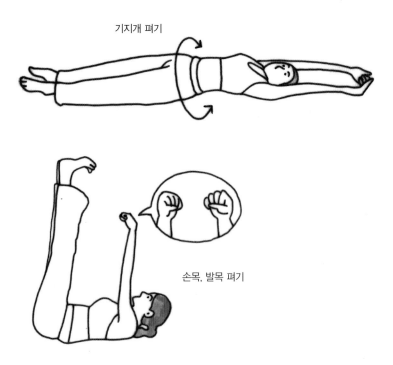

기지개 펴기

손목, 발목 펴기

앞뒤로 목
늘리기

등 펴기

골반
돌리기

등 밀어올리기

앞뒤로 목 늘리기

두 손을 깍지 껴서 머리 뒤에 두고 앞으로 목을 눌러주어 스트레칭한다. 턱을 들어 천장을 쳐다보면서 목을 늘려주도록 한다. 이때 목을 지나치게 젖혀 경추에 무리가 가지 않도록 주의한다. 긴장된 목 근육을 이완시켜 긴장을 풀어준다.

등 펴기

등을 바로 세운 자세로 양손을 깍지 껴 위로 밀어올린다. 양팔은 귀 옆에 붙이고 깍지 낀 손의 바닥이 천장을 향하도록 한다. 두 팔을 밀어올리는 동시에 등에 힘을 주어 곧게 편다. 그런 다음 옆으로 기울여준다. 반대쪽을 반복한다.

골반 돌리기

누운 자세로 무릎을 구부려 세우고 양팔은 옆으로 펼쳐서 둔 상태로 양 무릎을 함께 오른쪽으로 천천히 눕혀준다. 이때 바닥에서 양쪽 어깨가 떨어지지 않도록 하고 고개는 무릎을 눕힌 쪽과 반대되도록 돌린다. 골반 주위의 근육들을 이완시켜주고 유연성을 증가시켜준다. 반대쪽을 반복한다

등 밀어올리기

똑바로 누운 자세에서 등과 엉덩이에 힘을 주어 위로 밀어올린다. 등의 긴장을 풀어주고 복부를 늘려준다.

중기 4~8개월

상체 일으키기

두 발을 어깨 너비로 벌리고 무릎을 세운 자세로 눕는다. 이때 팔을 위로 쭉 뻗어 한 번 꼬아 잡아준다. 배가 수축하는 느낌으로 상체를 일으키면서 숨을 내쉰다.

엉덩이 힘기르기

양 다리를 옆으로 넓게 벌리고 직각이 되도록 앉은 상태에서 양 다리를 옆으로 넓게 벌리고 엉덩이에 힘을 주면서 위로 두번 올라갔다가 두번 아래로 내려 앉듯이 동작을 해준다.

엉덩이 들기

무릎을 세우고 누워 엉덩이에 힘을 주어 골반을 위로 밀어올렸다가 내린다. 숨은 밀어올릴 때 들이마시고, 내릴 때 입으로 내쉰다. 자궁 수축을 돕고 골반을 조여주면서 처진 엉덩이를 올려주는 효과가 있다.

상체 일으키기

엉덩이 힘기르기

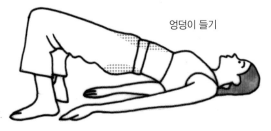

엉덩이 들기

306

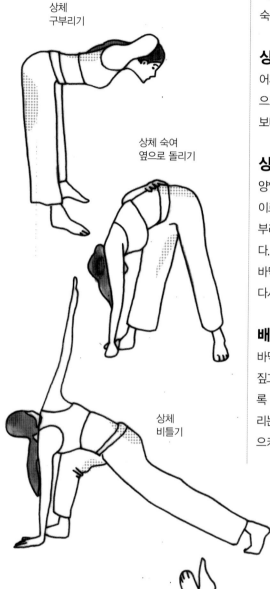

상체 구부리기

두 발을 어깨 너비로 벌리고 선 자세로 양손을 깍지 껴 머리 위로 올린다. 등을 곧게 편 상태로 상체를 숙여준다.

상체 숙여 옆으로 돌리기

어깨 너비로 선 자세에서 상체를 숙인 다음 몸을 옆으로 돌려 한쪽 발을 잡는다. 이때 한 손은 등 뒤로 보내준다. 반대쪽을 반복한다.

상체 비틀기

양옆으로 다리를 넓게 벌리고 양팔을 펴서 어깨 높이로 들어올리고 선 다음 한쪽 무릎을 직각으로 구부리면서 다리를 구부린 쪽으로 상체를 구부려 준다. 이때 한 팔은 직각이 된 다리 앞쪽으로 내려와 바닥을 짚는다. 천장을 쳐다보면서 10까지 세었다가 다시 일어선다.

배, 어깨 늘리기

바닥에 배를 대고 엎드린 자세에서 양손으로 바닥을 짚고 상체를 천천히 위로 밀어올린다. 등이 긴장되도록 하고 허리 부분까지 젖혀지도록 한다. 이때 두 다리는 세워 들어준다. 숨을 들이마시면서 상체를 일으켜 세운다.

상체
구부리기

상체 숙여
옆으로 돌리기

상체
비틀기

배, 어깨
늘리기

후기 9~12개월

골반 벌리기

누운 자세에서 무릎을 구부려 한 다리의 넓적다리 위에 다른 쪽 다리의 발을 얹는다. 편 다리의 무릎 뒤쪽을 두 손으로 잡아 가슴 쪽으로 당겨준다. 대둔근을 늘려주고 골반의 유연성을 증가시켜 골반의 통증을 완화시켜주는 운동이다. 반대쪽을 반복한다

하체 넘기기

누운 자세에서 두 다리를 들어올려 머리 위쪽으로 넘긴다. 두 다리를 가능한 한 곧게 펴고 가슴에 가깝게 닿도록 한다. 허리 아랫부분의 근육이 늘어나도록 한다. 요추와 허리 근육을 늘려주어 허리의 통증을 완화시켜줄 수 있는 운동이다.

다리 돌리기

누운 자세에서 한 다리는 펴고 한 다리는 편 채 반대쪽 다리 위로 넘겨 발이 바닥에 닿도록 한다. 반대쪽을 반복한다.

다리 구부려 안기

누운 자세에서 한 다리는 펴고 한 다리는 구부려서 가슴 앞으로 힘주어 안아준다. 허리의 통증을 완화시키고 고관절의 유연성을 증가시켜 골반의 통증을 완화시켜 줄 수 있는 운동이다. 반대쪽을 반복한다.

골반 벌리기

하체 넘기기

다리 돌리기

다리 구부려 안기

골반 움직이기

한 다리는 구부려 직각으로 앞으로 딛고 반대쪽 다리는 바닥에 쭉 펴준다. 직각으로 세운 무릎 위에 양손을 얹고 골반을 천천히 앞뒤로, 양옆으로 움직인다. 고관절 주위의 근육을 유연하게 하고 골반의 통증을 줄여줄 수 있는 운동이다. 반대쪽을 반복한다.

무릎 올리기

손을 허리에 얹고 한 무릎을 위로 올려 한 손으로 잡아준다. 다시 반대쪽 다리를 올리면서 가볍게 잡아준다. 반대쪽을 반복한다.

몸 돌리기

다리를 벌리고 선 자세에서 양팔을 몸 앞에서 옆, 뒤로 돌려 뒤로 젖힌 자세가 된 뒤 다시 반대쪽 옆, 앞쪽으로 돌려온다. 다시 반대쪽을 반복한다.

골반
움직이기

무릎 올리기

몸 돌리기

309

노인을 위한
스트레칭

노인들을 위한 스트레칭이라고 특별한 방법이 있거나 형태가 다른 것은 아니다. 다만 나이가 많아짐으로써 나타나는 신체적 특징 즉, 노화로 인한 신체 기능의 퇴화로 인하여 젊은 사람들처럼 하게 되면 상해를 입게 되기 쉽기 때문에 스트레칭의 정도를 약하게 해주고 좀더 주의를 하면서 스트레칭을 해줄 필요가 있다.

나이가 들수록 점점 더 필요한 것이 스트레칭 운동이다. 유연성은 노화의 척도이기도 하다. 얼마나 몸이 유연하느냐 하는 것은 얼마나 자신의 신체를 효율적으로 사용할 수 있는가 하는 것과 직결된다. 또한 노화가 진행되는 상태에서 운동량이 부족하면 우리 몸의 관절과 근육은 탄성을 잃고 뻣뻣해지게 된다. 반면 규칙적으로 운동을 하게 되면 유연성과 탄성을 되찾을 수 있다.

노인들을 위한 스트레칭 프로그램을 실시할 때 주의해야 할 점은 첫째, 자신의 능력 이상으로 지나치게 무리를 해서는 안 된다. 즉, 자신이 움직일 수 있는 관절의 가동범위나 능력을 지나치게 벗어나지 않도록 해야 한다. 둘째, 전신의 관절, 근육을 골고루 운동시키도록 한다. 셋째, 말초 운동을 집중적으로 한다. 넷째, 일상생활에서 잘 쓰지 않는 근육과 관절 운동을 해 준다. 다섯째, 규칙적으로 자주 반복한다. 즉, 수시로 온몸의 근육과 관절을 늘려주는 운동을 해주도록 한다.

손 쥐었다 펴기

편안하게 앉은 자세에서 주먹을 꼭 쥐었다 짝 펴주는 동작을 반복한다.

손 털기

손을 위에서 아래로 힘을 빼고 털어준다. 손끝을 움직여주는 동작은 말초신경을 활성화시킨다.

손가락 젖히기

손가락을 하나하나 잡아서 뒤로 젖혀주면서 손가락을 스트레칭시킨다.

어깨 올렸다 내리기

어깨에 힘을 주어 위로 올렸다가 내리기를 반복한다.

손 쥐었다
펴기

손 털기

손가락
젖히기

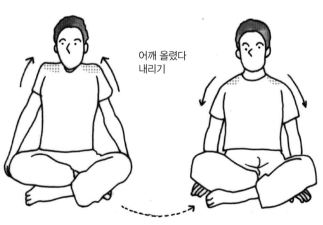

어깨 올렸다
내리기

311

어깨 돌리기

자연스럽게 어깨를 앞에서 뒤로 뒤에서 앞으로 돌린다.

어깨 젖히기

머리 뒤에 깍지를 끼고 위를 쳐다보면서 가슴을 완전히 뒤로 젖혔다가 다시 앞으로 고개를 누른다.

어깨, 가슴 늘리기

깍지를 껴서 등을 뒤로 밀면서 앞으로 팔을 쭉 폈다가 가슴을 쭉 펴면서 위로 팔을 들어올린다.

어깨 돌리기

어깨 젖히기

어깨, 가슴늘리기

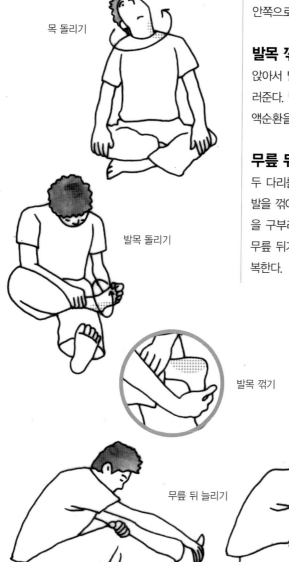

목 돌리기

발목 돌리기

발목 꺾기

무릎 뒤 늘리기

목 돌리기

목을 자연스럽게 앞에서 뒤로 다시 뒤에서 앞으로 돌리기를 반복한다.

발목 돌리기

앉아서 발목을 쥐고 안에서 바깥으로 다시 바깥에서 안쪽으로 돌린다. 반대쪽을 반복한다.

발목 꺾기

앉아서 발목을 위로 눌러 꺾어주고 다시 발등을 눌러준다. 발끝을 움직이는 스트레칭은 말초까지의 혈액순환을 도와준다.

무릎 뒤 늘리기

두 다리를 편안하게 펴고 앉은 자세에서 한 손으로 발을 꺾어 쥐고 다른 한 손으로는 무릎을 쥐고 무릎을 구부려 위로 올렸다가 무릎 쥔 손으로 누르면서 무릎 뒤가 바닥에 완전히 닿도록 한다. 반대쪽을 반복한다.

허리 젖히기

다리를 편안하게 벌리고 선 자세에서 허리 뒤를 두 손으로 받치고 허리를 뒤로 젖혀준다.

상체 돌리기

다리를 편안하게 벌리고 선 자세에서 팔을 앞에서 뒤로 다시 뒤에서 앞으로 휘휘 젓듯이 돌려준다.

균형 잡고 몸 전체 늘리기

뒤꿈치를 들면서 두 팔을 깍지 껴 위로 한껏 밀어올린다.

상체 굽히기

두 발을 약간만 벌린 상태로 상체를 천천히 아래로 내려 손이 바닥에 닿도록 한다.

앞뒤로 다리 벌리기

한 다리는 앞으로 직각이 되도록 구부리고 양손으로 바닥을 짚고 뒷다리는 뒤로 쭉 펴준다.

허리 젖히기

상체
돌리기

균형 잡고
몸 전체
늘리기

앞뒤로 다리
벌리기

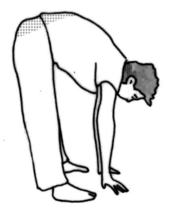

상체
굽히기

314

앞다리 펴기

양손으로 바닥을 짚은 채로 뒷 무릎을 구부려 바닥에 대고 앞 무릎을 쭉 편다. 반대쪽을 반복한다.

비틀어 구부리기

다리를 약간 벌리고 앉은 상태에서 반대쪽 발을 잡도록 하면서 상체를 구부린다. 반대쪽을 반복한다.

가슴 당기기

양발을 약간 벌리고 앉은 상태에서 양 발목을 꺾어 발끝을 손으로 잡고 가슴을 다리에 닿게 한다는 기분으로 상체를 구부린다.

고관절 돌리기

두 발을 구부려 세운 상태로 뒤로 손을 짚는다. 두 무릎을 동시에 오른쪽 왼쪽으로 돌려 무릎이 바닥에 닿도록 한다.

엎드려 뒤로 다리구부리기

앞으로 엎드린 상태에서 한 다리씩 뒤로 구부려 뒤꿈치가 엉덩이에 붙도록 한다.

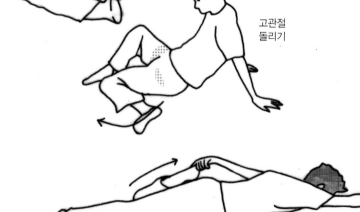

앞다리
펴기

비틀어
구부리기

가슴 당기기

고관절
돌리기

엎드려 뒤로
다리구부리기

| INDEX |

**하루 5분
건강 스트레칭**

초판 인쇄	2018년 11월 23일
2 쇄 발행	2022년 8월 29일

글 쓴 이　전선혜

펴 낸 이	김재광
펴 낸 곳	솔과학
등　　록	제313-2003-000358호
주　　소	서울특별시 마포구 독막로 295번지 302호(염리동 삼부골든타워)
전　　화	02-714-8655
팩　　스	02-711-4656
E-mail	solkwahak@hanmail.net

I S B N　979-11-87124-44-3 (93690)

ⓒ 솔과학, 2018

값 20,000원